Zäune und Gartentore

Hans Marz/Konstanze Stocker

Zäune und Gartentore

Holz- und Metallzäune
Planen, bauen und restaurieren

AUGUSTUS

Die Autoren:
Hans Marz, Dipl. Ing. (FH) Landespflege, hat seit 1992 ein
Büro für Grünplanung in Dinkelscherben.
Konstanze Stocker, Dipl. Ing (FH) Landespflege, Landschafts-
architektin, ist seit 1988 in Ichenhausen/Oxenbronn frei-
beruflich tätig.

Die Autoren danken Herrn Heinz Katzenberger, Maler-
meister aus Dinkelscherben, für die fachmännische Bera-
tung zum Kapitel „Metallzäune erneuern und restaurieren".

Die Deutsche Bibliothek - CIP-Einheitsaufnahme

Marz, Hans:
Zäune und Gartentore : Holz- und Metallzäune; Planen, bauen
und restaurieren / Hans Marz/Konstanze Stocker. - Augsburg :
Augustus Verl., 1999
    ISBN 3-8043-7123-X

Dieses Buch folgt den Regeln der neuen deutschen
Rechtschreibung.

Augustus Verlag
© 1999 Weltbild Ratgeber Verlage GmbH & Co. KG
Alle Rechte vorbehalten
Illustrationen: Anna Aisenstadt, Augsburg
Umschlaggestaltung: Vera Faßbender, Augustus Verlag
Umschlagfoto(s): Wolfgang Redeleit (vorne groß); K. Stocker (vorne
klein); Reinhard Tierfoto und W. Redeleit (hinten)
Layout + Satz: Gesetzt aus der The Mix Light 9/12 Punkt, von
Uhl + Massopust, Aalen
Reproduktion: Uhl + Massopust, Aalen
Druck und Bindung: Andersen Nexö, Leipzig
Gedruckt auf umweltfreundlich chlorfrei gebleichtem Papier
Printed in Germany

ISBN 3-8043-7123-X

Einleitung

Einen Zaun planen

Grundsätzliches zur Gestaltung

Holzzäune

Zäune restaurieren, erneuern und pflegen

Inhalt

Einleitung

Das Wort Garten bezeichnet in seiner ursprünglichen Bedeutung auch den Zaun. Der Zaun umgrenzt die vom Menschen gezähmte Natur. Einen so eingezäunten Bereich bezeichnete man mit dem indogermanischen Begriff *ghorton* oder *hort*. Andere Zaun- und Gartensynonyme sind „first" oder „hag".

Ursprung der Einzäunung

Der Zaun markiert einerseits also unseren Anspruch auf Eigentum an Grund und Boden. Er schützt den Garten vor Übergriffen und Zerstörung durch Tiere. Früher war das lebenswichtig. Die Menschen investierten viel Arbeit in den Boden – der Garten und das darin angezogene Gemüse waren ein Grundstock ihrer Ernährung.
Zum anderen ist eine Einfriedung ein Signal an unser Verhalten. Der Zaun grenzt ein, er steckt ein gewisses Territorium für uns ab. Einfriedungen markieren unsere Privatsphäre und trennen dadurch deutlich privaten und öffentlichen Bereich.
Heute werden Zäune auch als Nutzungshinweis ver-

standen. Man begrenzt z. B. Blumenbeete um sie vor Zerstörung zu bewahren oder zäunt Spiel- und Sportplätze ein.
Abgrenzungen wirken aber auch stark durch die Art ihrer Gestaltung. Mauern, Zäune, Gitter und Hecken drücken durch ihre Form und häufig auch durch ihren Pflegezustand die Einstellung ihrer Erbauer zu „Grün" allgemein und zu ihrem Umfeld aus. Im öffentlichen Bereich prägen Zaunanlagen ganze Stadtviertel und spiegeln den Stellenwert des Grüns in der Verwaltung wider.

Die geschichtliche Entwicklung

Zäune wurden im Laufe der Menschheitsgeschichte sehr unterschiedlich ausgebildet. Hier ein kurzer Überblick: Im Mittelalter waren die Gärten klein aber wichtig. In Befestigungsanlangen lagen sie im Bereich der Burgmauern, waren also ummauert. Angezogen wurden vor allem medizinische Kräuter und Blumen zum Schmuck. Auf dem „Land" bildete der Garten mit dem Haus zusammen einen eigenen Friedens- und Rechtsbereich, den Unbefugte nicht betreten durften. Die Einzäunung

bildeten Holz- oder Flechtzäune. Das Gartenrecht war damals im *Paclus legis Salicae* zu Beginn des 6. Jahrhunderts n. Chr. festgelegt worden. Die Gärten lagen immer dicht an der Siedlung. Weiter entfernt in der Flur ein Stück Land „einzufangen" war bei Strafe verboten. In der Renaissance waren die Gärten der repräsentativen Villen ummauert. Erst im 16. Jahrhundert

Ein schöner Zaun schließt die Natur nicht aus.

*Zäune verbinden – der Zaun als Ort der Kommunikation und
der Begrenzung zwischen Nachbarn und Zaungästen.*

wurde die Generalachse des Gartens über seine Grenzen hinaus verlängert. Der Garten wurde an seine Umgebung angeschlossen, die starre Begrenzung aufgehoben. Im Barock wurde diese Entwicklung zurückgeschraubt. Der Mensch beherrschte die Natur. Der Garten war eine Weiterführung der Architektur und endete an einer Mauer. Tore wurden sehr aufwendig gestaltet und hervorgehoben. Diese repräsentativen Gitter lösten nach und nach die Mauern ab und umgaben im Barock den ganzen Garten. Teilweise wurden sie zum Anschluss

an die Landschaft sogar durch einen Graben als Einfriedung ersetzt.
Die Engländer waren die Ersten, die ohne feste Zäune auskamen. Der Garten sollte der Naturerfahrung dienen und möglichst unauffällig in die Landschaft übergehen. Erst im 19. Jahrhundert wurde die Kennzeichnung des Besitzes wichtig.
Das entstandene Bürgertum wollte seinen neu erworbenen Wohlstand zeigen, aber gleichzeitig auch klar markieren. Mit der Zeit wurden die Gärten, vor allem die Gärten und Vorgärten in den Städten, immer kleiner – die Abgren-

zung immer wichtiger. Vielfach bestand der Zaun aus Gittern oder aus einer Kombination aus Gittern und Mauer. Bis zur heutigen Zeit hat sich eine große Vielfalt bei der Gestaltung der Einfriedungen entwickelt. Einzelne Beschränkungen in Bauordnungen oder örtlichen Bebauungsplänen versuchen Auswüchse zu vermeiden. Eine Welt ohne Mauern und Zäune wäre zweifellos schöner, größer und freier – aber nicht überall ist das möglich. Aus heutiger Sicht sind notwendige Begrenzungen am schönsten, wenn sie wirken ohne aufzufallen.

Einen Zaun planen

Gärten werden heutzutage immer kleiner bemessen und auch immer privater. Abgrenzung wird daher unverzichtbar. Oft genügt der Sitzplatz oder die Terrasse, die vor neugierigen Blicken geschützt werden soll, manchmal ist es nötig, klare Grenzen zu ziehen. Welche Möglichkeiten es hier gibt und was alles zu beachten ist, erfahren Sie auf den nachfolgenden Seiten. Wir haben uns bemüht, Gestaltungsvorschläge zu erarbeiten und Tipps zu geben, die sich in jedem Garten realisieren lassen. Und der Gartenzaun soll ja schließlich auch keine Festungsmauer sein.

Was will ich?

Der erste Schritt vor dem Errichten eines Zaunes, über den Sie sich klar sein sollten, ist die Überlegung, wie Sie den Garten bzw. Teile des Gartens nutzen möchten. Ebenfalls eine Rolle spielt die Anbindung an die Umgebung, liegt der Garten an der Straße, vor oder hinter dem Haus, grenzt er an Nachbars Garten und natürlich auch einfach die Frage: Handelt es sich um einen Garten in der Stadt oder auf dem Land? Alle diese Faktoren müssen bei der Wahl des richtigen Zaunes berücksichtigt werden.

Welcher Zaun passt zu meinem Garten?

Zäune in der Stadt, vor allem im Vorgartenbereich, haben in erster Linie einen stark repräsentativen Charakter. Häufig wurden und werden teilweise stark verzierte, kunstvolle Metallgitter mit gemauerten Säulen verwendet.

Zaun im Vorgarten – durchlässig und repräsentativ.

Der Straßenraum wird durch Zäune ganz entscheidend mitgeprägt.

ten. Bebauungspläne haben zum Ziel, eine gewisse Linie in ein Neubaugebiet zu bekommen und möglichst passende Materialien und Formen vorzugeben. Kaum ein Zaun kann in solch einem Fall vollkommen frei gestaltet werden.

Der Zaun im Vorgarten

Nachdem Sie die Vorüberlegungen bezüglich der Umgebung abgeschlossen haben, gilt es die nächsten wichtigen Punkte zur weiteren Ausführung in Angriff zu nehmen. Der Zaun im Vorgarten ist besonders wichtig, da er den privaten Bereich vom öffentlichen Raum oder der Straße abgrenzt.

Auch bei der Gestaltung und Positionierung des Zauns sind einige Tricks zu beachten: Der Zaun soll einen Rahmen für das Haus und die Architektur bilden, er soll es in die Nachbarschaft einbinden und trotzdem hervorheben, er soll den Eingangsbereich betonen und einladend wirken.

Ein Mittel hierzu ist, den Zaun etwas zurückgesetzt anzulegen und ihn mit Kletterpflanzen zu begrünen. So schafft die Vorgarteneinfriedung einen weichen Übergang zur Straße oder zum

Im ländlich geprägten Raum stand dagegen ursprünglich die Schutz- und Bergefunktion des Zaunes im Vordergrund. Vor allem Tiere – wild lebende oder eigene Hoftiere – sollten davon abgehalten werden, Gemüse oder Blumen zu verzehren.

Die Materialien, aus denen Zäune errichtet wurden, waren schlicht, auf dem Land war es eben Holz, das bei der Waldbewirtschaftung abfiel und stets verfügbar war. Je nach Region und Tradition haben sich zahlreiche Formen der Holzbauweise von Zäunen entwickelt, die heute nicht mehr aus unseren Gärten wegzudenken sind. Gehen Sie an die Planung Ihres Gartezauns, so soll-

ten Sie in erster Linie den Charakter der Umgebung berücksichtigen! Lassen Sie sich Zeit für Ihre Entscheidung und schauen Sie sich einmal in aller Ruhe in der näheren Umgebung um. Sammeln Sie Ideen und konkretisieren Sie Ihre Vorstellungen.

Die Angleichung an die Zäune der Nachbarschaft darf allerdings nicht zu weit gehen. Zeigen Sie ruhig Ihre persönliche Note. So unruhig ein ständiger Wechsel von Zaunhöhe und -art wirkt, so monoton erscheint auch eine lange Folge des immer gleichen Zaunes. Allerdings sind – besonders in Neubaugebieten – auch Einschränkungen zu beach-

Der Vorgarten ist die Visitenkarte des Hauses.

Nachbarn. Bei Grenzsituationen an störenden Straßen oder Feldwegen kann der Zaun durch eine dichte Abpflanzung erhöht werden. Im Notfall sind hier auch spezielle Sichtschutz- oder Lärmschutzelemente möglich.

Der Vorgartenzaun und die übrige Gestaltung des Eingangsbereiches sind sozusagen die Visitenkarte des Hauses und vermitteln einen ersten Eindruck von seinen Bewohnern.

Zäune hinter dem Haus

Ist der Zaun dazu gedacht, den rückwärtigen Garten zu gliedern und zu strukturieren, kommt es besonders darauf an den Charakter des gesamten Gartens aufzunehmen. Schließt der Garten mit der rückwärtigen Grenze an ein Nachbargrundstück an, sollte die Einfriedung an die seitlichen Zäune angepasst werden (siehe unten). Wird im hinteren Gartenbereich ein Tor benötigt, sollte dieses möglichst unauffällig integriert werden.

Zäune an seitlichen Grundstücksgrenzen

Die wohl häufigste Situation ist die des Abgrenzens gegen einen seitlich gelegenen Nachbarn. Auch in diesem Fall hat sich der Zaun dem Charakter des Gartens anzupassen. Er sollte möglichst

unaufdringlich und niedrig sein und nicht die Wirkung des Gartens zerstören. Reden Sie mit den Nachbarn und streben Sie eine gemeinschaftliche Lösung an. Wenn dies möglich ist, vermeiden Sie späteren Ärger und erhalten vielleicht sogar noch wertvolle Anregungen.

Wird bei Doppel- oder Reihenhäusern Sichtschutz direkt an der Terrasse benötigt, kann der Zaun hier mit hohen Holzelementen beginnen, die durch Stauden oder Kletterpflanzen begrünt werden. Auch hier gilt: Sprechen Sie vor dem Aufstellen mit dem Nachbarn.

Entlang von Straßen kann die Abgrenzung durch eine dichte Hinterpflanzung verstärkt werden.

Eine durchdachte Anpflanzung kann manches „Problem" verdecken.

Länge hergerichtet und montiert werden. Ein zeit- und arbeitsaufwendiges Anpassen auf der Baustelle entfällt so.

Bei abgetreppten Zaunsystemen mit senkrechter Lattung entsteht dagegen ein erheblicher Arbeitsaufwand, da Latten, Zaunfüllungen oder Zaunfelder vor Ort dem Gelände angepasst und nachbehandelt werden müssen. Gestalterisch sind solche Lösungen wenig überzeugend. Waagrechte Füllungen der Zaun-

Häufig sind unsere Gärten nach hinten hinaus lang und gerade. Hier können Sie durch eine durchdachte Gestaltung eine optische Verkürzung erzielen. So wirkt der Garten breiter, wenn Sie in die Randbepflanzung Ausbuchtungen einplanen.

Anpassung an die Geländeform

In aller Regel treten bei der Zaunführung im Gelände keine Probleme auf. Ausnahme ist jedoch ein gewelltes oder hügeliges Grundstück oder eine Hanglage. Am leichtesten erhält man in solchen Situationen ein befriedigendes Ergebnis, wenn man senkrechte, durchlaufende Lattenzäune

ohne Zaunfeldgliederung verwendet. Auch die Montage solcher Zäune ist relativ einfach, wenn die Querriegel dem Geländeverlauf folgen und die Latten oder Stäbe senkrecht stehen. Die Latten können auch in gleicher

Tipp

Um Probleme zu vermeiden sollte ein geplanter Zaun immer mit den betroffenen Nachbarn abgesprochen werden.

Zaun in abgetreppter Form: arbeitsaufwendig und optisch unschön.

felder hinterlassen in Hangsituationen zwangsläufig bodenseitige Lücken, die nur mit einem aufwendigen Sockel vermieden werden können. Hier bietet der Fachhandel zwar vorgefertigte Elemente an, die die Montage etwas erleichtern. Eine wirklich befriedigende Wirkung entsteht aber meist nur bei einem gleichmäßigen Geländeverlauf.

Hecke als Zaun – eine der schönsten „Zaunformen" –, wegen der notwendigen Pflegemaßnahmen aber am besten im Einvernehmen mit den Nachbarn.

Rechtliche Aspekte des Zaunbaus

Wie bereits erwähnt, existieren eine Reihe von Verordnungen, die Einschränkungen bei der individuellen Gestaltung von Zäunen auferlegen. Dabei ist zum einen die Landesbauordnung zu nennen. Diese enthält allgemeine Regelungen über die zugelassene Höhe sowie Abstände zum Nachbargrundstück oder zu Hecken. Zum anderen gelten örtliche Bauvorschriften, die in den jeweiligen Ortsbausatzungen oder Bebauungsplänen geregelt sind. Ortsbausatzungen und Bebauungspläne werden vom Bauamt Ihres Wohnortes aufgestellt bzw. genehmigt. Sie gelten nur für einen klar abgegrenzten Bereich, meist für ein bestimmtes Baugebiet.

Das Resultat hiervon ist, dass die Vorgaben über Einfriedungen sogar innerhalb von einer Gemeinde variieren können.

Auf der Grenze oder an der Grenze?

Ein grundsätzlich wichtiger Aspekt ist auch, ob ein Zaun „auf der Grundstücksgrenze" oder „an der Grenze" errichtet wird. Generell muss kein Grundstückseigentümer die Errichtung eines Zaunes „auf der Grenze" dulden, da hierbei ein Teil seines Grundstückes beansprucht wird. Ausnahmen kann die Bauaufsichtsbehörde nach den jeweiligen Landesbauordnungen unter bestimmten

Voraussetzungen festlegen. Akzeptiert der Nachbar die Einfriedung „auf der Grenze" ergibt sich aus der einvernehmlich gemeinschaftlichen Nutzung auch die gemeinschaftliche Übernahme der entstehenden Unterhaltskosten. Als Zustimmung hierfür gilt auch, wenn der Zaun über längere Zeit nicht beanstandet wurde. Der Zeitraum variiert dabei von Fall zu Fall; im Durchschnitt sind es zirka zwei Jahre.

Die Errichtung einer Einfriedung auf dem eigenen Grundstück, also „an der Grenze" zum anderen Grundstück, muss vom Nachbarn im Allgemeinen hingenommen werden. Hier gelten jedoch die öffentlichrechtlichen Bestimmungen. So ist beispielsweise ein Zaun im Vorgartenbereich in manchen Ortssatzungen sogar grundsätzlich untersagt.

Steht der Zaun auf dem eigenen Grundstück, ist der Eigentümer natürlich auch allein für den Unterhalt zuständig. Auch kann er den Zaun jederzeit ohne Zustimmung des Nachbarn abändern oder entfernen. Sollte der Garten in Form von Hecken eingefriedet werden, muss der im Nachbarschaftsgesetz der jeweiligen Bundesländer unterschiedlich geregelte Grenzabstand eingehalten werden.

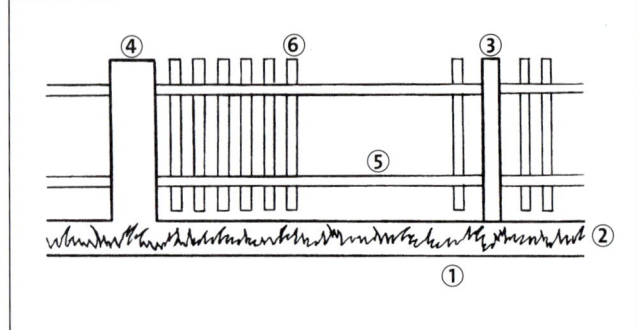

① *Durchgehendes Fundament*, ② *Sockel*, ③ *Pfosten*, ④ *Pfeiler – Säule*, ⑤ *Querriegel – Bandstange*, ⑥ *Brett/Latte senkrecht*

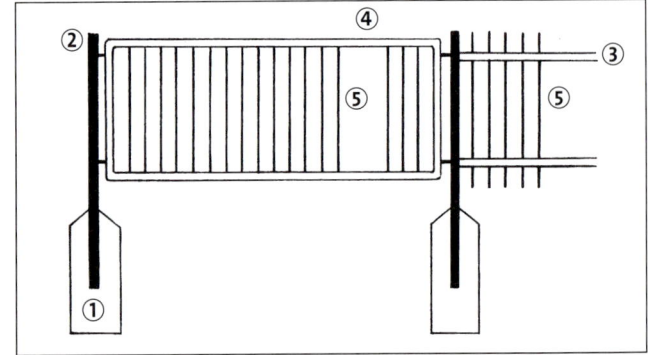

① *Pfostenfundament*, ② *Pfosten*, ③ *Querriegel/Gurt*, ④ *Rahmen*, ⑤ *Stab*

Grundsätzliches zur Gestaltung

Proportionen und Erscheinungsbild

Unter Beachtung der wichtigsten Regeln und Gestaltungsprinzipien können Sie Ihren Zaun selber planen, ohne einen Fachmann zu Rate zu ziehen. Das hängt natürlich in erster Linie von Ihren Vorstellungen und Wünschen ab.

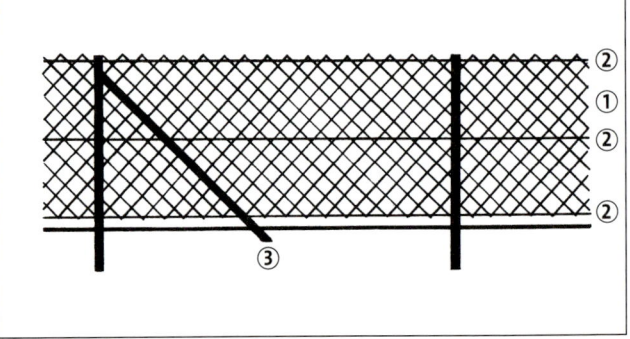

① *Drahtgeflecht*, ② *Spanndraht*, ③ *Stütze*

Der Zaun als „Bauwerk": der zu groß dimensionierte Betonsockel stört das Bild.

Zäune müssen nämlich nicht unbedingt aufwendig gestaltet sein. Entscheiden Sie sich dagegen für einen Jägerzaun mit Ornamentbrettern, müssen Sie nicht nur bei der Erstellung, son-dern auch bei der späteren Pflege erhöhte Anstrengungen unternehmen ohne ein ansprechendes Aussehen oder eine bessere Funktion zu erreichen.

Eine Einfriedung setzt sich aus verschiedenen Komponenten zusammen: aus dem sichtbaren und dem unsichtbarenTeil des Sockels, aus Pfosten, Pfeilern und dem eigentlichen Zaun.

Ein Augenmerk sollten Sie auf den Sockelbereich richten. Zu große und unproportionierte Betonsockel wirken wie Grabeinfassungen und stören das Straßen- und Gartenbild.

Ist der eigentliche Zaun zu individuell und aufwendig gestaltet, bietet er oft keinerlei Sichtschutz, bildet aber eine „harte Grenze" und lässt den Garten kahl und ungemütlich erscheinen.

Die richtige Dimensionierung

Der Zaun selbst markiert die Grundstücksgrenzen und verwehrt Unbefugten den Zutritt. Er soll aber gleichzeitig einen gewissen Einblick in den Garten erlauben. Die Zaungestaltung muss also im Normalfall beides berücksichtigen. Empfehlenswert ist eine Mindesthöhe von 80 cm. Die Regel aber sind 90–100 cm. Übersteigt die Zaunhöhe 120 cm, wirkt der Zaun als Bollwerk und somit abweisend. Noch höhere Zäune

Alter, verzierter Metallzaun – wirkt leicht und fügt sich wunderbar in die Umgebung ein.

Zaunlatten gehen ohne Unterbrechung durch – der Zaun wirkt ruhig.

Erscheinungsform des Zaunes

Bei der Erscheinungsform von Zäunen können grob zwei Grundformen voneinander unterschieden werden:

1. Die Zaunlatten gehen ohne Unterbrechung durch.
Dies ergibt ein einheitliches, ruhiges Bild; der Zaun wirkt länger. Besonders für kurze Stücke und kleine Gärten ist diese Lösung vorzuziehen.
2. Der Zaun ist in Zaunfelder unterteilt, die Pfosten treten deutlich in Erscheinung. Der Effekt ist eine rhythmische

sollten nur bei besonderer Schutzfunktion und in Ausnahmefällen errichtet werden. Hierfür benötigen Sie fast überall eine Sondergenehmigung.
Die Durchlässigkeit des Zaunes entscheidet, ob der Garten nach außen stark abgeschlossen wirkt oder ob Durchblicke und das Durchwachsen von Pflanzen möglich sind. Metallzäune und Holzzäune mit breitem Lattenabstand lassen zu, dass der Garten auch noch nach außen wirkt. Der Lattenabstand ist abhängig von der Höhe des Zaunes; je niedriger, desto enger und je höher, desto weiter auseinander können die Latten befestigt werden.

Abstand zum Boden

Bei jedem Zaun sollte ein Mindestabstand von 5 cm zum Boden eingehalten werden. Dies ist wichtig um ein frühzeitiges Verrotten des Materials zu vermeiden. Noch besser ist aber ein Bodenabstand von 8 bis 10 cm um auch Tieren wie dem Igel den Durchgang zu ermöglichen. Wenn aber verhindert werden soll, dass im Garten gehaltene Tiere flüchten, kann diese Lücke bei Bedarf mit einem Sechseck-Drahtgeflecht (Maschenweite 16 mm) geschlossen werden. Handelt es sich um frei laufende Hasen oder Kaninchen, ist dieses Drahtgeflecht 40 bis 50 cm tief einzugraben.

Weniger Abstand vom Boden sollte es nicht sein – das Minimum ist 5 Zentimeter.

Gliederung, der Zaun wirkt kürzer. Die zwischen den Zaunfeldern hervortretenden Pfosten sollten dann bewusst gestaltet sein. Die Einzellatten können gleich hoch sein oder einen leichten Bogen nach oben oder nach unten beschreiben. Durch eine geschwungene Gestaltung der Zaunoberkante werden die einzelnen Zaunfelder noch mehr betont und es besteht die Gefahr, dass das Gesamtbild unruhig wirkt. Das Ausmaß der Bögen muss dabei sehr behutsam gewählt werden.

Zaun, durch sichtbare Pfosten in Felder gegliedert.

Fundamente und Sockel

Der Sockel markiert den Grenzverlauf im Boden. Er ist der „Unterbau des Zaunes". Wie der gesamte Zaun, muss sich auch der Sockel dem natürlichen Geländeverlauf anpassen. Er sollte so unauffällig gestaltet sein und so wenig wie möglich über das umgebende Gelände ragen.

Betonsockel

Am häufigsten findet man Betonsockel, dabei ist eine Breite von 20 cm vollkommen ausreichend. Um Frostschäden zu vermeiden, muss der Sockel 80 cm unter der Geländeoberfläche liegen. Dieser Teil kann aus Fundamentbeton (Güte B 15) erstellt werden und muss im Gegensatz zu den überstehenden Teilen nicht geschalt werden. Es wird in zwei Arbeitsgängen betoniert, dabei müssen die Bewehrungseisen in den Fundamentbeton mit eingegossen werden. Am besten hierfür geeignet sind Baustahl-Bügelmatten (z. B. Q 131 mit 22,5 kg), die als Korb entsprechend vorgeformt werden können. Zur Verstärkung werden an den Ecken des vorgefertigten Korbes Rundeisen (Durchmesser 12 mm) eingebunden. Nach der Schalung der nächsten Sockelschicht wird die zweite Lage Beton eingebracht. Dies muss Beton mindestens der Güte B 25 sein. Ordentliches Rütteln und Glattstreichen der Oberkante schließen die Arbeiten ab.

Um die seitlichen Kanten brechen zu können, legt man in die Schalung Winkelleisten ein. Die Oberseite kann unterschiedlich gestaltet werden: eben, abgerundet, abgeschrägt oder dachförmig und damit wasserabweisend. Eigene Abdeckungen sind bei Betonsockeln nicht nötig.

Tipp

Der Sockel sollte ein Viertel der Zaunhöhe nicht überschreiten.

Sockel mit Klinkersteinen – passt nicht in jede Gegend.

Um einer Rissbildung durch übermäßige Temperaturschwankungen oder Setzungen unter dem Fundament vorzubeugen, müssen alle 7 bis 10 m Dehnfugen in den Betonsockel eingearbeitet werden. Diese werden mit Kitt ausgegossen.
Eine Behandlung der sichtbaren Sockeloberfläche durch Sandstrahlen (mit Hilfe einer Fachfirma oder eines Leihgerätes) oder Stocken verleiht dem Ganzen mehr Natürlichkeit. Unter Stocken versteht man das Bearbeiten des Steins mit einem bestimmten Hammer. Der Stockhammer hat mehrere, kleine Zähne. Die Schläge prellen den Stein, er bekommt dabei eine etwas hellere Farbe und eine feine Struktur („Würfelmuster").

Klinkersockel

In Gegenden, wo die Verwendung von Klinkern beim Bauen Tradition hat, wäre es durchaus möglich den Sockel auch mit Klinkern zu mauern. Grundlage hierfür ist, wie oben beschrieben, ein frostsicheres Betonfundament. Mauerklinker müssen im Verband mit entsprechendem Mörtel aufgesetzt werden. Das exakte Ausfugen zwischen den Steinen

ist sehr wichtig. Nach dem Ausfugen sind die Steine sofort sauber abzuwaschen um ein Verschmutzen zu verhindern. Es empfiehlt sich auch, als Witterungsschutz für das Mauerwerk eine Abdeckplatte oder -haube aufzusetzen. Bei genauem Arbeiten ist aber auch eine exakt ausgefugte Läuferschicht oder Rollschicht (aufgestellte Klinkersteine) als oberer Abschluss ausreichend.

Natursteinsockel

Neben Beton sind auch Sockel aus Naturstein möglich, eine frostfreie Fundamentierung wie oben beschrieben entfällt dabei. Mehrlagig aufgeschichtete Natursteine, die eine einigermaßen gleichförmige Größe und Gestalt haben sollten, können auf einer Kiestragschicht (ca. 30 cm tief) vermauert werden. Einlagig verarbeitet brauchen sie nur ein

Betonsockel – wirkt hier durch die unnötige Höhe massiv.

Splittbett als Ausgleichs-
schicht. Hierfür eignen sich
Steine aus Granit, Kalk,
Muschelkalk oder Sandstein.
Diese naturnahe Bauweise
ermöglicht, dass sich in den
Ritzen und Fugen im Laufe
der Zeit einige Pflanzen an-
siedeln. Meist sind dies
Hauswurz, Mauerpfeffer,
Fetthenne oder einige Grä-
ser. Aber auch kleine Tiere
wie Eidechsen oder Insekten
nutzen die Nischen als
Lebensraum. Vor allem
Gartenbesitzern, die einen
naturnahen Garten bevor-
zugen, ist diese Bauweise zu
empfehlen.

*Dieser Granit-Einzeiler begrenzt den Gehweg und
bildet gleichzeitig den Sockel für den Zaun.*

Rollkies- oder
Flusskiessockel

Die gleichen Vorteile wie bereits bei der Verwendung
von Natursteinen beschrieben, gelten auch für den Einbau von Rollkies. Rollkies
oder Flusskiesel sind im
Kieswerk in den Körnungen
16/32 mm, 32/63 mm oder
über 63 mm erhältlich. Als
Unterbau genügt eine Kies-
lage.

Diese Art Naturstein-„Sockel" ersetzt im Vorgarten den Zaun.

Leistensteinsockel

Sehr einfach handhabbar
und meist auch ausreichend
sind Leistensteine aus Granit
oder Beton. Granitleisten-
steine (12 cm dick) werden
im Straßenbau in großen
Mengen verwendet und sind
daher relativ preisgünstig
und für den Gartenbesitzer
erschwinglich. Betonleisten-
steine in der Dicke 8 cm
oder 10 cm gibt es in jeder
Baustoffhandlung. Die Höhe
der Steine sollte mindestens
25 cm betragen, damit sie
richtig in einem Streifenfundament aus Beton
30 x 30 cm einbetoniert
werden können. Die Ober-
kanten des Streifenfunda-
mentes müssen abgeschrägt
werden. Die Leistensteine

Pfeiler mit Abdeckplatte, individuell gestaltet als Hinweis auf den Eingang.

Pfeiler und Pfosten

Zaunpfosten können aus Holz, Betonfertigteilen oder Metall bestehen. Entweder liegen sie hinter den Zaunfeldern verdeckt oder stehen frei sichtbar dazwischen. Pfeiler hingegen bestehen in der Regel aus Naturstein, Klinkern, verputzten Beton- oder Ziegelsteinen oder aus Beton. Sie stehen grundsätzlich zwischen den Zaunfeldern und gliedern dadurch die Einfriedung sehr stark. Außer im Eingangsbereich sollten sie gleichmäßig über die ganze Länge verteilt werden.

Der Abstand von Pfosten und Pfeilern wird dagegen durch die Länge der Zaunfelder und der Querriegel bestimmt; er sollte bei Holzquerriegeln 2,50 m nicht übersteigen. Bei Metallfeldern liegt er zwischen 2,00 und 3,00 m.

Pfeiler

Pfeiler passen sich mit Material und Oberflächenstruktur dem Sockel an. Für jeden Pfeiler ist ein frostfreies, 80 cm tiefes Betonfundament (Betonqualität B 15) erforderlich. Die Größe richtet sich dabei nach der Pfeilergröße. In den meisten Fällen aber benötigt der Pfeiler kein eigenes Fundament, da er auf den Sockel aufgesetzt wird.

Bei Betonpfeilern, die am Ort erstellt werden – sogenannter Ortbeton –, sind Baustahlmatten und Rundeisen mit in den Sockel bzw. in das Fundament einzusetzen. Nur so erhält man eine feste Verbindung und verhindert die Rissbildung (Betongüte B25). Die Oberflächenbehandlung erfolgt dabei wie beim Betonsockel (sandstrahlen oder stocken).

Pfeiler, die aus Klinkersteinen bestehen, werden im Verband hochgemauert. Dabei ist es ratsam aus dem Sockel oder Fundament vier

Moderner Betonpfeiler – fast zu aufwendig für den transparenten Metallzaun.

sollten maximal 10 cm über das Gelände herausragen. Leistensteinsockel sind mit geringem Aufwand herzustellen, preisgünstig und erfüllen ihren Zweck vollkommen.

Sockel aus Pflasterstein

Eine einfache Pflasterzeile, z. B. aus Granitpflasterstein 9/11 cm oder 15/17 cm, mit nur 3 cm Überstand kann eine ausreichende Abgrenzung ergeben. Ein Streifenfundament aus Beton wie oben beschrieben ist auch hierfür unerlässlich.

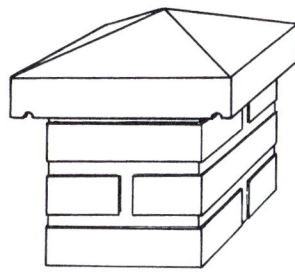

Abdeckplatte mit Tropfnase.

Rundeisen in den gemauerten Pfeiler ragen zu lassen und in der Mitte einzumauern. Dadurch wird ein Abbrechen der gesamten Säule über dem Fundament verhindert. Wie beim Sockel, sind auch für die Pfeiler Abdeckplatten oder -hauben als Witterungsschutz empfehlenswert. Auch auf das genaue Ausfugen sollten Sie achten.
Die gleiche Bauweise empfiehlt sich für Natursteinmauerwerk. Die Steine sollen nicht zu groß sein, aber trotzdem sicher liegen, um ein ansprechendes Aussehen und, mit Mörtel, eine ausreichende Festigkeit des Pfeilers zu erreichen. Eine große Platte des gleichen Materials deckt den Pfeiler ab.
Eine Verbindung des Sockels mit dem Pfeiler durch Rundeisen bewährt sich immer, auch wenn die Säule aus

Beton- oder Ziegelsteinen gemauert wird. Betonformsteine werden direkt übereinander gesetzt und mit Beton ausgegossen; diese Bauweise ist recht einfach. Bei der Verwendung von Ziegelsteinen sollten kleinere Formate gewählt werden, damit im Verbund gemauert werden kann, was die Rissbildung im Verputz weitgehend verhindert. Bei beiden Bauweisen muss der Pfeiler verputzt werden. Der Verputz sollte zum Haus passen. Der Kopf des Pfeilers wird gegen Witterungseinflüsse durch eine Abdeckung geschützt. Handelt es sich bei der Abdeckung um eine Natursteinplatte oder ein Betonfertigteil, benötigt man eine umlaufende Tropfnase, damit das Wasser nicht am Putz herunterläuft oder gar in das Mauerwerk eindringen kann. Aber auch Dachziegel können verwendet werden. Am besten eignet sich dazu ein flacher Ziegel, zum Beispiel ein „Biberschwanz" oder ein zum Haus passender Ziegel.

Pfostenfundament

Für Pfosten, die einen Zaun bis zu 120 cm tragen, ist ein Fundament von ca. 30 x 30 cm Fläche in einer Tiefe von 60 bis 80 cm aus-

reichend. In gewachsenem Boden kann es von Hand ausgegraben oder mit einem Erdbohrer hergestellt werden. Eine Schalung ist nur bei nachrutschendem Boden erforderlich.
Für leicht und locker aufgebaute Zäune mit Holzpfosten reicht je nach Beanspruchung (Kinder?) eine Verfüllung mit scharfkantigem Schotter unterschiedlicher Korngröße (Mineralbeton) aus. Empfehlenswert im Sinne von Standfestigkeit und Langlebigkeit ist ein

Holzpfosten passend zum Holzlattenzaun.

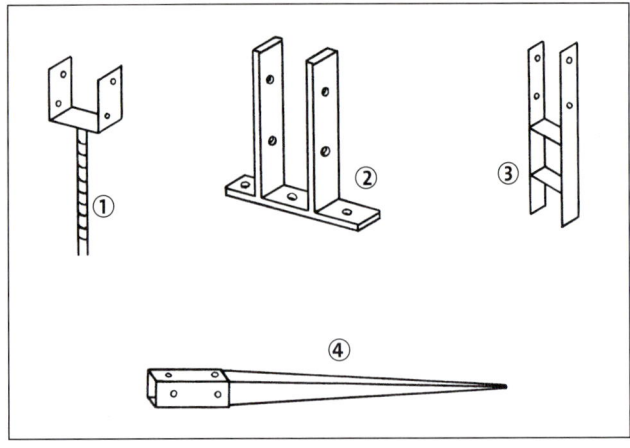

Holzpfosten – mit Pfostenschuh im Fundament verankert.

① einfacher Pfostenschuh, ② Pfostenschuh zum aufschrauben, ③ Doppel-H zum einbetonieren, ④ Einschlaghülse

Betonfundament (Beton-qualität B 15). Das Funda-ment muss verdichtet, im einfachsten Fall festge-stampft werden.

Pfostenlänge

Wenn Zaun und Pfosten gleich hoch sein sollen, gilt die unten stehende Faust-regel für die Höhe der Pfosten:

Faustregel für Pfostenhöhe

Holzpfosten:
Pfostenlänge = Zaunhöhe + 70 cm

Metallpfosten:
Pfostenlänge = Zaunhöhe + 50 cm

Sollen die Pfosten über den Zaun hinausragen, muss dieser Höhenunterschied dazugerechnet, sollen sie niedriger sein, muss er ab-gezogen werden.

Konstruktiver Holz-schutz bei Pfosten

Direktes Einbetonieren er-gibt zwar die beste Stand-festigkeit der Pfosten und des Zaunes, die Lebensdauer dieser Konstruktion wird jedoch stark von der Art und Behandlung des Holzes abhängen. Am schnellsten leidet das Holz im Grenz-bereich zwischen Boden und Luft. Durch die Feuchtigkeit fault das Holz sehr schnell. Metall- und Betonfertig-teilpfosten sind davon nicht

berührt. Um die Lebens-dauer der Holzpfosten zu verlängern, müssen sie von der Bodenfeuchtigkeit ab-gekoppelt werden. Metall-halterungen, so genannte Pfostenschuhe oder -träger, übernehmen hier die Ver-ankerung im Betonfunda-ment. Ein Fundament wie oben beschrieben ist dafür ausreichend. Wird ein Sockel errichtet, können die Pfostenschuhe direkt einbe-toniert oder später auf den fertigen Sockel aufgedübelt werden. Der längeren Halt-barkeit der Pfosten steht in diesem Fall aber teilweise eine geringere Stabilität ent-gegen. Der Handel bietet verschiedene Ausführungen an, wobei mit dem Doppel-H die höchste Standfestigkeit erreicht wird. Ganz ohne Fundament kommt man dagegen mit Bodeneinschlaghülsen aus. Sie eignen sich nur für Böden mit geringem Kies- oder Steinanteil. Durch das Einschlagen ist nicht immer gewährleistet, dass sie ganz senkrecht in den Boden getrieben werden. Diese Art der Konstruktion eignet sich daher eher für lockere, leichte Zäune ohne hohe Beanspruchung. Das Verschrauben der Holzpfosten an den Pfostenschuhen sollte aber immer mit Sechskant-Schlossschrauben durch das ganze Holz erfolgen.

Um das Eindringen von Regenwasser zu erschweren, wird die Kopfseite des Holzpfostens nach hinten abgeschrägt. Abdeckkappen sind unschön und bringen kaum Wirkung, durch die Bildung von Kondenswasser wird eher noch alles verschlimmert.

Holzpfosten

Pfosten in Fichte, Kiefer oder Lärche werden in der Regel als Rundhölzer angeboten, Eichenpfosten dagegen immer als Kantholz geliefert. Fichte- und Kieferpfosten sollten immer kesseldruckimprägniert sein, Eiche und Lärche halten auch ohne Im-

Eichenpfosten werden als Kantholz gehandelt.

prägnierung etwas länger. Eine gute Alternative stellt Edelkastanienholz dar. Es ist hart, schwer und aufgrund des hohen Gerbsäuregehaltes (bis zum 10-fachen des Gehalts der Eiche) auch ohne Imprägnierung äußerst dauerhaft. Erfahrungen aus der Lawinenverbauung haben gezeigt, dass Edelkastanie weniger stark zerstört wird als Eiche oder Lärche. In der Regel ist es ohne Behandlung haltbarer als kesseldruckimprägniertes Holz.

Bei allen Holzpfosten ist die Lebensdauer vor allem bei direktem Erdkontakt eingeschränkt (siehe konstruktiver Holzschutz).

Im Handel sind folgende Ausfertigungen erhältlich: Rundholz: 8–10 cm / 9–11 cm, wie gewachsen. Rundholz: 10–14 cm, zylindrisch gefräst. Kantholz: 10/10 cm bis 12/12 cm, allseitig gehobelt.

Metallpfosten

Metallpfosten sollten grundsätzlich doppelt feuerverzinkt sein. Je nach Gestaltung kann dann noch die entsprechende Farbbeschichtung aufgebracht werden. Vor allem für kunststoffummantelte Maschendrahtzäune werden gleichartig behandelte Rohre als Pfosten angeboten.

Meist am besten: Zaunfelder und Zaunpfosten aus demselben Material. Hier verzinkt und lackiert.

Im Handel sind folgende Ausfertigungen erhältlich: Quadratstahlrohr: 30/30 bis 60/60 mm. („Universal-Stahlrohr" mit Laschen, die in beliebiger Höhe am Rohr festgeschraubt werden können). Rechteckstahlrohr: 40/20 bis 80/40 mm, obere Öffnung mit Platte verschweißt. T-Eisen: 40/40 mm Nahtloses Rundstahlrohr: 42,4 x 2,0 mm (auch kunststoffummantelt und mit Abdeckkappe erhältlich).

Vorgefertigte Betonpfosten mit Muster – leider im Handel schwer zu finden.

Betonpfosten

Mit genügend Zeit und etwas handwerklichem Geschick, am besten aber mit einer Maurerausbildung, können Betonpfosten als Fertigteile auch selbst hergestellt werden. In eine vorgefertigte, auf dem Boden liegende U-Schalung, wird Beton (Qualität B 25) eingegossen. Vier Rundeisen mit einem Durchmesser von 10 mm sind als Armierung nötig. Auf Wunsch kann sogar auf der Schalungsunterseite ein Muster eingelegt werden, das an den fertigen Pfosten dann als Vertiefung zu sehen ist. Auch Aussparungen für Ösen, durch die später Metallhalterungen für die Querriegel durchgesteckt werden können, werden gleich vorgesehen.

Die sorgfältige Verdichtung ist Voraussetzung für glatte, gleichmäßige Pfosten und für exakte Muster. Das obere Pfostenende kann je nach Geschmack kegelförmig oder halbrund ausgebildet werden. Beides bedarf einiger Mühe bei der Schalung. Das entsprechende Endstück (ein Halbkreis aus einer Hartfaserplatte bzw. eine Hohl-Pyramide aus Sperrholz) wird in die auf dem Boden liegende U-Schalung eingepasst. Beachten Sie, dass die Betonsäule ihre endgültige Festigkeit erst nach 28 Tagen erreicht hat. Vorgefertigte Betonsäulen sind im Handel erhältlich. Glatte, oben gekegelte Säulen aus Sichtbeton sind problemlos zu finden. Säulen mit ansprechenden Mustern sind dagegen eher selten. Die Metalllaschen für die Querriegel sind hier in der Regel bereits eingelassen. Für qualitativ hochwertige Betonpfosten reicht ein Querschnitt von 12 x 12 cm aus. Für hohe Beanspruchung oder für Torpfosten kommen die Maße 14 x 14 cm, 16 x 16 cm oder gar 20 x 20 cm in Frage. Pfosten mit noch größeren Dimensionen werden, obwohl sie im Handel bis ca. 30 x 40 cm erhältlich sind, besser in Ortbeton hergestellt.

Haupt- und Nebentore

Gartentore können viele unterschiedliche Bedeutungen haben. Als Haupttore markieren sie den Zugang zum Haus oder zur Haustüre. Von außen sind sie leicht zu erkennen und führen den Besucher direkt auf den Hauseingang zu. Solche Tore haben in erster

Einfache Betonpfosten, farblich hervorgehoben, markieren den Eingang.

Flügeltore müssen senkrecht zum Zaunverlauf aufgeschlagen werden können. Das Gelände sollte nur leicht geneigt sein, sonst sind komplizierte Konstruktionen notwendig. Falls elektrische Toröffner eingebaut werden sollen, muss dies bereits bei der Planung berücksichtigt werden. Benötigt werden dafür eine Stromzuleitung sowie entsprechende Höhen- und Bodenverhältnisse. Das Tor muss für den zu installierenden Antrieb möglichst leichtgängig sein. Setzen Sie sich also möglichst frühzeitig mit einer Fachfirma in Verbindung.

Linie eine repräsentative Funktion. Haupttore sollen sich daher immer, je nach Bedeutung, mehr oder weniger vom restlichen Zaun abheben, in Material und Charakter aber zur Gesamteinfriedung passen. Briefkästen können gut am Haupttor angebracht werden. Falls es von Pfeilern getragen wird, kann der Briefkasten sogar integriert werden, so dass von außen nur noch der Einwurfschlitz zu erkennen ist; die Entnahme der Post erfolgt an der Pfeilerinnenseite. Aber auch an der Innenseite der Pfosten oder der Zaunfelder lässt sich der Briefkasten unauffällig unterbringen. Falls Tore zur Zufahrt auf das Grundstück eingeplant werden, sollten sie sich im

Aussehen am Zugangstor orientieren. Schiebe- oder Rolltore verlangen eine gerade Zaunverlängerung,

In diesem verbreiterten Natursteinpfeiler verbergen sich Briefkasten und Klingel.

Seiten- oder Nebentore sind nur von geringerer Bedeutung und sollen dementsprechend nicht auffallen und sich in das Gesamtbild der Einfriedung einfügen.

Wie groß soll die Toröffnung sein?

Die Größe der Toröffnungen ist in der Regel von der Art der Nutzung abhängig. Die Mindestbreite für den Durchgang von einer Person beträgt 75 cm, für eine Person mit Fahrrad 115 cm und für zwei Personen nebeneinander 150 cm.
Die Mindestdurchfahrtsbreite beim Einfahrtstor für PKW ist 250 cm, wenn gerade eingefahren werden kann. Ist dies nicht der Fall, sind 300 cm lichte Weite zu empfehlen.

Torpfosten

Pfosten für Zauntore müssen stabiler sein als diejenigen für den übrigen Zaun. Das hat natürlich auch Auswirkungen auf die Dimensionierung.

Holztor ohne Rahmen, die Diagonalstrebe erbringt zusammen mit den langen Metallbändern die Stabilität.

Torpfosten sind etwa 20 cm länger als die normalen Zaunpfosten und entsprechend tiefer im Fundament verankert.
Metall- und Betonfertigteilpfosten haben die gleichen Abmessungen wie alle anderen auch, eine tiefere Verankerung ist aber auch hier zweckmäßig. Für Einfahrtstore mit langen und schweren Flügeln sind sogar noch stärkere Abmessungen zu wählen, oder Sie errichten hierfür extra Pfeiler.
Bei sämtlichen Torkonstruktionen ist auf eine ausreichende „Verwindungssteife" zu achten. Das meint, dass sich ein Tor auch nach längerer Benutzung nicht schräg nach unten verschieben darf.

Holz- und Stahltore

Bei Holztoren wird diese Verwindungssteife durch Diagonalhölzer erreicht. Die Querriegel werden durch die Diagonalstrebe, die sich auf die untere Torangel abstützt, verbunden. Durch richtiges Einkerben der Diagonalstrebe in die Querriegel und entsprechende Verschraubung erhält das Tor zusätzlichen Halt. Etwas aufwendiger, aber stabiler ist es, wenn für das Tor ein Holzrahmen angefertigt wird. Die je nach Zaunart unterschiedliche Holzlattung kann dann auch nachträglich angebracht werden. Stahltore werden in der

> **Notwendige Maße bei Rundholzpfosten**
> Durchmesser 12 bis 14 cm
> Kantholzpfosten ebenfalls
> 12/12 cm bis 14/14 cm.

Regel aus verschweißten Viereckrahmen hergestellt. Als Rahmen können die Profile der Querriegel verwendet werden. Bei einer ausreichenden Profilstärke braucht das Tor keine zusätzliche Diagonalstrebe. Wird eine Diagonalstrebe eingebaut, wird sie, anders als beim Holztor, vom unteren, freien Toreck an die obere Torangel gehängt. An oder in diesen Rahmen können dann die entsprechenden Stäbe montiert werden.

Befestigung

Die Befestigung der Tore an Pfosten oder Pfeilern erfolgt mit Torbändern und Kloben.

Je nach Material gibt es verschiedene Möglichkeiten. Zu berücksichtigen ist, dass sich die Bänder bei Holztoren immer auf der Seite befinden, auf welche das Tor aufschlägt.

Toranschlag

Ein Toranschlag verhindert, dass das Tor durchschlägt und die Aufhängung beschädigt wird. Bei Doppeltoren muss ein Flügel mit einem Feststelleisen in der Mitte im Boden verriegelt werden können. Dies kann z. B. eine frostfrei einbetonierte Bodenhülse sein. Geöffnete Einfahrtstore müssen ebenfalls entweder

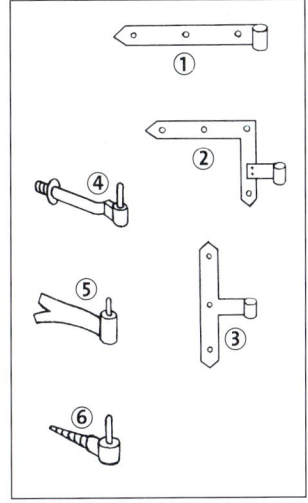

①Langband, ②Winkelband, ③Mittelband, ④Kloben zum durchschrauben, ⑤Kloben zum einbetonieren, ⑥Kloben zum einschrauben

Metalltor mit Rahmen – schließt exakt und verzieht sich selten.

mit einem Feststelleisen oder durch Feststeller mit „Fanghaken" arretiert werden können, da sie sonst u.U. gegen das durchfahrende Auto schlagen können.

Schlösser

Je nach Bauart von Tor und Pfeiler oder Pfosten bieten sich verschiedene Torschlösser an. Das Einsteckschloss muss in eine ausgestemmte Öffnung im Torrahmen eingeführt werden und erfordert große Passgenauigkeit. Abstandsschwankungen, wie sie bei Holztoren mit Holzpfosten auftreten können, beeinträchtigen die Funktionsfähigkeit. Daher sind hier Metallpfosten oder Pfeiler besser geeignet.

Bei Bedarf kann diese Schlossart auch mit einem elektrischen Türöffner kombiniert werden. Denken Sie in diesem Fall aber rechtzeitig an den Stromanschluss.

Einsteckschloss, Tor und Pfosten müssen sehr exakt gearbeitet sein.

Ein Kastenschloss, das auf den Rahmen aufgesetzt wird, reagiert nicht so empfindlich. Es kann sowohl bei Holz- als auch bei Metalltoren verwendet werden. Bei beiden Schlossarten kann ein Schließzylinder eingesetzt werden.

Eine einfachere Schließart ist der Bolzenriegel mit Umlegegriff; er greift in ein Rundloch. Dieser ist besonders für Holztore mit Holzpfosten geeignet, jedoch nicht abschließbar.

Die einfachste Lösung ist der Schlossriegel; er greift in eine Schließblechöffnung oder eine Schlaufe am Gegenstück und kann mit einem Vorhängeschloss gesichert werden. Diese Schließart kommt für alle Torlösungen in Frage.

Für Doppeltore gibt es noch die Möglichkeit eines Überwurfs, dabei kann auf das Feststelleisen verzichtet werden. Auch hier kann ein Vorhängeschloss angebracht werden.

Holzzäune

Grundsätzlich ist zu allererst darauf zu achten, dass nur gesundes und gut abgelagertes Holz verwendet wird. Genauere Informationen finden Sie ab Seite 34.

Querriegel, halbrund geschält wie gewachsen, passt nur zu ebensolchen Latten und wird mit der flachen Seite an die Pfosten montiert.

Querriegel

Querriegel, auch Bandstangen genannt gibt es in verschiedenen Ausführungen.

Sie haben die Funktion den Zaun zwischen den Pfosten zu schließen und tragen die Lasten.

Als Holzart wird in den meisten Fällen Nadelholz, also Fichte, Kiefer oder Lärche angeboten. Je nach Holzstärke können die Querriegel Zaunfelder von 2 bis 2,5 m überspannen. Werden die Zaunfelder zu lang, wird der Zaun nach einiger Zeit leicht durchhängen.

Bei den Querriegeln unterscheidet man im Wesentlichen drei Formen:

1. halbrund geschält, wie gewachsen: ca. 10 cm Durchmesser. Da diese Form der Riegel nicht ganz exakt ist, eignet sie sich eigentlich nur für eine Lattung „wie gewachsen" (Hanichl- oder Staketenzaun).

2. halbrund gefräst: 7 bis 10 cm Durchmesser; für jede Art der Lattung geeignet.

3. Kantholz gehobelt: Oberseite abgeschrägt, 8 x 8 cm.

Ein Hanichl-Zaun fügt sich übergangslos in die Natur ein.

Holzschutz bei den Querriegeln

Um Fäulnis an den Querriegeln zu verhindern müssen diese immer gut abtrocknen können. Feuchtigkeit hält sich besonders an der Verbindungsstelle von Riegel und Latte. Aus diesem Grund sollte die Auflagefläche möglichst klein gehalten werden. Um dies zu erreichen, können Sie wie folgt vorgehen:

- Ein blanker Draht entlang des Querriegels bewirkt, dass die Latten eine besonders geringe Auflagefläche haben.
- Halbrunde Querriegel sollten mit der runden Seite an die Latten, mit der flachen Seite an den Pfosten befestigt werden.
- Besteht der Querriegel aus Kantholz, so wird an der Seite, an der die Latten angebracht werden, eine breite Nut eingefräst, um so die Auflagefläche zu minimieren.

Durch diese Maßnahmen kann das Holz der Querriegel relativ leicht abtrocknen und hält dadurch länger – wenn es richtig an den Pfosten und Pfeilern befestigt wird.

Überwurf – einfache Schließart für Doppeltore.

Montagemöglichkeiten:

Zaunlatten gehen ohne Unterbrechung durch:
Halbrunder Querriegel an Rundpfosten angeblattet.

Halbrunder Querriegel an
Kantholzpfosten angelegt.

Stahllasche in L-Form – mit
Sechskantschrauben durch
das ganze Holz befetigt.

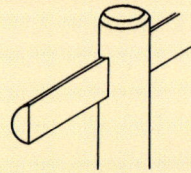
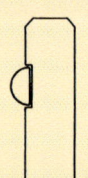
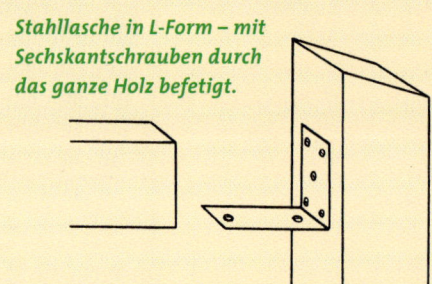

Querriegel Kantholz an
Kantholzpfosten angelegt.

Stahllasche in T-Form – mit
Sechskantschrauben durch
das ganze Holz befetigt.

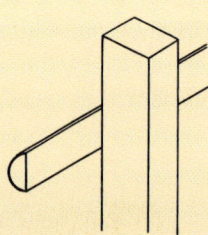

Als Verbindung werden Senkkopfschrauben verwendet.
Nur bei geringer Belastung
können die Querriegel auch
angenagelt werden.

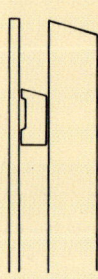

Kantholz – Querriegel

Zaun in Zaunfelder unterteilt
(Zaunfeld zwischen zwei
Pfosten eingespannt).
Geeignet für Pfosten und
Pfeiler, wenn die Querriegel
aus Kanthölzern bestehen.

Die Bauformen der Holzäune unterscheiden sich im Wesentlichen nur durch die
verschiedenen Möglichkeiten der Lattung.
Der „Unterbau", also die Tragkonstruktion,
ist meist identisch.

Verschiedene Zaunformen

Hanichl-Zaun

Ein Hanichl-Zaun wird aus jungen, nicht entrindeten Fichten- oder Tannenstämmchen gebaut. Das Holz hierfür fällt bei der Durchforstung junger Schonungen an und kann auf Nachfrage beim örtlichen Forstamt manchmal sogar selbst im Wald abgeholt werden. Der höhere Arbeitsaufwand wird dabei durch die geringen Materialkosten wettgemacht.

Die nicht entrindeten Stangen benötigen keinen Anstrich und bieten zwischen Rinde und Holz einer Vielzahl kleiner und kleinster Lebewesen Lebensraum. Der Durchmesser der Stangen reicht von 3,5 cm bis 5 cm. Typisch für das Kopfende der Stangen ist das Anspitzen – mit einem scharfen Schnitzmesser auch leicht selbst zu erledigen. Ein Schrägschnitt mit der Säge ist ebenfalls möglich.

Diese Stangen sind fertig im Fachhandel erhältlich – wenn auch nicht überall. Um die natürliche Wirkung dieser Zäune nicht zu zerstören, sollte man unbedingt auf jede Form von Sockel verzichten. Die Pfosten werden hinter den Zaun gestellt, so bleibt das durchgehende Bild erhalten.

Der Hanichl-Zaun eignet sich vor allem für ländliche Bereiche, im Idealfall in Kombination mit einem naturnahen Garten.

Staketen-Zaun

Einen Arbeitsgang mehr erfordert der Staketen-Zaun. Der Unterschied zum Hanichl-Zaun besteht darin, dass die Fichtenstämmchen, seltener auch Tanne, noch halbiert werden. Ansonsten sind sie nicht gefräst, sondern lediglich sauber entastet, mit oder ohne Rinde.

Der Durchmesser beträgt in der Regel 4 bis 7 cm, je nach gewünschter Höhe des Zaunes.

Staketen werden am Kopfende von Hand zugespitzt, maschinell gekegelt oder mit einem Schrägschnitt versehen. Ähnlich wie beim Hanichl-Zaun sollte zu Gunsten der Natürlichkeit auf eine Behandlung der Oberfläche (Farbe oder Imprägnierung) sowie auf einen Sockel verzichtet werden. Um den Rhythmus nicht zu unterbrechen, stehen auch hier die Zaunpfosten hinter den Staketen.

Der Staketenzaun hat einen hohen ökologischen Wert und passt wunderbar zu

Auch der Staketen-Zaun hat hohen ökologischen Wert. Er passt zu landschaftsgerechten Bauten.

Senkrechter Lattenzaun – Profillatten als Halbkreis abgerundet. Konstruktiver Holzschutz und die Proportionen der Latten sind hier sehr wichtig.

landschaftsgerechten Bauten und Gärten in ländlichen Gebieten oder am Ortsrand größerer Siedlungen.

Senkrechter Lattenzaun

Der Lattenzaun in all seinen Varianten erfreut sich einer großen Beliebtheit, daher gibt es auch eine Vielzahl von Möglichkeiten für die Gestaltung der Lattung. Als Holz kommt meist Fichte zur Anwendung, aber auch Tanne und Lärche sind möglich. Die benötigten Latten sind roh erhältlich, werden meist aber getaucht oder kesseldruckimprägniert und oft auch noch farblich vorbehandelt.

Der senkrechte Lattenzaun kann nicht nur in ländlichen Gebieten verwendet werden; er passt ebenso gut in Neubaugebiete im städtischen Bereich. Man unterscheidet halbrunde Latten und Profillatten.

Die halbrunden Latten sind zylindrisch gefräst und damit im Gegensatz zu den vorher beschriebenen Möglichkeiten alle gleich. Der fertige Zaun wirkt aus diesem Grund sehr exakt und gleichmäßig, im Gegensatz zum Staketenzaun, der eher wie gewachsen erscheint.

Zu beziehen sind die Latten in Breiten von 5 cm bis 8 cm, am gängigsten sind die Stärken 6 cm und 7 cm. Der Kopf der Latte ist dabei abgeschrägt oder zugespitzt, also maschinell gekegelt. Profillatten sind im Querschnitt rechteckig.

Die Vierkantlatten sind sägerau in den Maßen 28 x 48 mm oder gehobelt in 25 x 45 mm zu erhalten. Da diese Vierkantlatten eine große Auflagefläche am Querriegel haben, ist unbedingt auf den „konstruktiven Holzschutz" zu achten (siehe Seite 34). Die Befestigung erfolgt bei beiden Varianten mit Nägeln oder Senkkopfschrauben.

Die Lattenköpfe können als Spitze, quer oder längs zur Latte, als Halbkreis oder flacher Kreis abgerundet

Senkrechter Bretterzaun – in dieser schlichten Form sehr angenehm. Mit Verzierungen muss jedoch vorsichtig umgegangen werden.

oder als Schrägschnitt ausgebildet werden. Es bieten sich also auch hier eine Vielzahl von Varianten an.

Senkrechter Bretterzaun

Der senkrechte Bretterzaun wirkt geschlossener und massiver als die zuvor beschriebenen Lattenzäune. Die Bretter, meist aus Fichtenholz, haben eine Breite von 10 bis 14 cm und eine Brettstärke von ca. 18 mm. Die Art der Verzierung der Einzelbretter mit Ornamenten oder Kurven entscheidet, ob der Zaun handwerklich gediegen oder übertrieben verschnörkelt und damit unruhig wirkt. Leider werden oft übermäßig behandelte Bretter mit mehreren Falzen und sogar gekurvten Seiten eingebaut („Gelsenkirchner Barock").

Einfache Formen passen sich eher in die Umgebung ein, sind leichter zu pflegen, nicht aufwendig in der Herstellung und daher zu bevorzugen.
An alten Zäunen findet man als Verzierung manchmal ein Bohrloch im oberen Teil des Brettes.
Das Kopfende der Bretter kann abgerundet oder quer zugespitzt sein.

Waagrechter Bretterzaun

Der waagrechte Bretterzaun fällt durch die horizontale Anordnung der Bretter sehr viel mehr ins Auge, als der „Senkrechte". Im Übergang zur freien Landschaft bilden solche Zäune eine regelrechte Zäsur. Besonders wichtig ist daher bei dieser Zaunart die Dimensionierung.

Waagrechter Bretterzaun – wegen der einfachen Montage als niedriger Zaun beliebt, sollte unbedingt mit hindurch wachsenden Pflanzen aufgelockert werden.

Beliebt ist der waagerechte Bretterzaun wegen der einfachen Montage und des geringen Aufwandes beim Streichen. Unterschieden werden die Bretter danach, ob die Kanten gesäumt sind, also gesägt und damit gleich breit, oder ob das Brett noch die natürliche Baumkante besitzt.
Die gewünschte Zaunhöhe regelt den Abstand und die Anzahl der Zaunbretter. Gesäumte Bretter sollten nicht zu schmal sein. Bei 14 bis 16 cm sind drei Bretter möglich, bei ca. 20 cm nur noch zwei.
Es gibt gesäumte und ungesäumte Bretter. Ungesäumte Bretter sind parallel zugeschnitten und leicht wellig. Sie machen bei der Montage etwas mehr Mühe, da man auf gleiche Breite bei den Stößen an den Pfosten achten und die Form des oberen Brettes mit dem unteren abstimmen muss. Ungesäumte Bretter werden häufig für niedrigere Zäune verwendet. Zwei Stück mit je ca. 20 cm Breite für eine Höhe bis zu 80 cm. Sie brauchen keinen Sockel und können sehr gut mit Pflanzen „durchwachsen" werden.
Zu stark gewellte Bretter wirken dagegen unnatürlich und kitschig.

Zäune restaurieren, erneuern und pflegen

Oberflächen-behandlung von Holzzäunen

Im naturbelassenen Garten dient die Holzpatina zahlreichen Wespenarten als Baustoff für den Neubau.

Die Haltbarkeit und die Lebensdauer des Baustoffes Holz hängen besonders bei der Verwendung im Freien von der richtigen Wahl der Holzart, von der konstruktiv richtigen Anwendung und von einem funktionierenden Oberflächenschutz ab. Nur eine intakte Beschichtung garantiert einen dauerhaften Schutz. Um diesen zu gewährleisten, müssen alle beschichteten Holzflächen im Freien in regelmäßigen Abständen – mindestens jedoch alle zwei bis drei Jahre – überprüft und mit einem neuen Anstrich instand gesetzt werden. Dabei gilt es zu berücksichtigen, dass Holzflächen, die nach Süden oder Westen ausgerichtet sind, weitaus stärkeren Einflüssen durch Regen und UV-Strahlen ausgesetzt sind und öfter behandelt werden müssen. Handelt es sich um einen bereits bestehenden Holzzaun,

der mit den Jahren gealtert und verwittert ist, so ist eine eingehende Voruntersuchung anzuraten. Holzschäden wie Risse oder Morschungen können mit Farbe zwar kurzzeitig übertüncht, aber keinesfalls dauerhaft behoben werden. Es lohnt sich deshalb der Arbeits- und Kostenaufwand für eine Restaurierung nur für solche Zäune, deren Substanz in Ordnung ist. Vielleicht kann im konkreten Einzelfall auch der Austausch einzelner Teile wie Bandstangen, Pfosten oder Latten angezeigt sein.

Altanstriche

Generell gilt bei Altanstrichen, dass eine Erneuerung schon längst überfällig oder es gar zu spät dafür ist,

wenn die Mängel bereits offensichtlich sind. Die Beurteilung, ob ein Zaun noch erneuerungswürdig ist, lässt sich nur im konkreten Einzelfall feststellen. Die Haftung moderner Farbanstriche ist in hohem Maße von der Beschaffenheit bzw. dem Zustand des Holzes abhängig. Die Untergrundvorbehandlung durch Anschleifen, Entstauben, Grundieren oder Imprägnieren hat dabei einen entscheidenden Einfluss auf die Beständigkeit des Anstriches.

Patina – natürlicher Schutz

Eine Holzoberfläche, die nicht erneuert werden muss – auch wenn das optisch so erscheinen mag –, ist die natürliche Patina des Holzes. Sie entsteht innerhalb nur weniger Monate, sobald das Holz der natürlichen Verwitterung ausgesetzt ist. Dies bedeutet, dass kurzwelliges UV-Licht der Sonne in Verbindung mit Feuchtigkeit den Ligninabbau an der Oberfläche bewirkt.

Diese meist graue Schicht hat eine Dicke von etwa 1 mm. Darunter sollte das Holz gesund, d.h. von heller Farbe sein. Dieser natürliche Holzschutz ist dann ausreichend. Wichtig ist allerdings, dass das Holz gut abtrocknen kann und keiner Dauerfeuchte ausgesetzt ist. Damit sind alle Voraussetzungen für einen konstruktiven Holzschutz erfüllt. Zur Kontrolle genügt es mittels einer Stahlbürste den Belag etwas abzubürsten. Finden sich dabei kleine Moospolster oder gar Pilzkörper an der Oberfläche, sind dies erste Indizien für eine schon begonnene innere Holzzersetzung. Solche Hölzer lohnen den Aufwand für eine wie auch immer geartete Oberflächenbehandlung nicht mehr. Abschließend bleibt festzuhalten, dass die faserige graue Holzpatina keinen Holzschutz im engeren Sinne darstellt und dass deren Eigenschaften mit denen von Anstrichen nicht gleichzusetzen sind.

Holzschutzmittel

Soll eine Oberflächenbehandlung durchgeführt werden, so muss diese auf einen eventuell bereits vorhandenen Altanstrich abgestimmt werden.

Grundsätzlich wird unterschieden zwischen lösemittelhaltigen oder wasserverdünnbaren Lackfarben, Lasuren und Ölen. Die Beschichtungen können farblos, deckend oder auch lasierend sein.

Im Holzfachhandel werden Zäune oder so genannte Konstruktionshölzer unbehandelt oder kesseldruckimprägniert angeboten. Die kesseldruckimprägnierten erkennt man an der meist grünlichen Färbung, die sich nach einiger Zeit im Freien verliert.

Farblose Lacke, Öle und Imprägnierungen

Farblose Lacke eignen sich wegen ihrer fehlenden UV-Beständigkeit generell nicht für den Anstrich. Öle, wie z. B. Leinöl, dringen gut in das Holz ein und er-

Die Farbwahl sollte wohl überlegt sein. Die Farbe muss im Konsens mit der Umgebung gesehen werden. Hier wurde die gleiche Farbe verwendet wie an den Fensterläden.

halten zudem die natürliche Farbe der jeweiligen Holzart. Allerdings neigen sie zur Vergilbung und können nicht mit anderen Anstrichen überarbeitet werden. Die weitere Pflege beschränkt sich lediglich auf das regelmäßige Nacharbeiten mit dem gleichen Öl. Imprägnierungen werden eingesetzt, wenn das Holz dauerhaft vor Bläue, Pilzbefall und Fäulnis geschützt werden soll. Empfehlenswerte Holzschutzmittel sind mit dem Gütezeichen RAL-Holzschutzmittel gekennzeichnet. Sie enthalten spezielle Wirkstoffe, deren

Wirksamkeit, Art und Konzentration auf den jeweiligen Verpackungen deklariert sind.

Wenn möglich, streichen Sie den Zaun in zerlegtem Zustand, damit auch diejenigen Flächen behandelt werden, die sich am Zaun überlagern. Besonders die Kontaktfläche Latte/Bandstange ist ein kritischer Bereich, da hier früher oder später immer Wasser eindringt ohne abtrocknen zu können.

Lasuren

Lasuren lassen sowohl die Holzstruktur als auch die

Tipp

Im Außenbereich gilt es zu beachten, dass Anstriche vor endgültiger Trocknung auch durch Regen abgewaschen werden können. Die Arbeit war dann umsonst. Bei direkter Sonneneinstrahlung wird die Verarbeitung erschwert, bei hoher Luftfeuchte die Trocknung verzögert.

Deckend gestrichene Holzzäune können dem Zaun eine besondere Note verleihen.

Holzmaserung erkennen. Der Fachhandel bietet wasserlösliche wie auch lösemittelhaltige Lasuren an. Während wasserlösliche Lasuren eindeutig umweltfreundlicher sind, sind die lösemittelhaltigen länger „offen" und deshalb besser zu verarbeiten.

Wurde das Holz bereits einmal mit einem deckenden Anstrich versehen, können darauf keine Lasuren mehr angewendet werden – auch nicht nach Entfernung des Altanstriches. Eine lasierte Holzoberfläche kann jedoch immer mit einer deckenden Farbe überstrichen werden.

Bei einer Restaurierung scheidet eine Imprägnierung

Dieses renovierungsbedürftige einfache Tor ist eine handwerkliche Rarität mit einzelnen kleinen Schmuckelementen.

in jedem Fall aus, da hierfür der ganze Zaun demontiert werden müsste. Die Alternative, das oberflächliche Einlassen mit Imprägniersalzen, ist dagegen wenig nachhaltig.

Deckende Beschichtungen

Als besonders verarbeitungsfreundlich haben sich wasserverdünnbare Lackfarben oder besser Acryllacke bewährt.
Wasserverdünnbare Acryllacke zeichnen sich durch eine höhere Elastizität aus. Lösemittelhaltige Produkte sind dagegen weitaus spröder und für den vorliegenden Verwendungszweck wenig geeignet.
Im Außenbereich gilt es zu beachten, dass Anstriche vor endgültiger Trocknung auch durch Regen abge-

waschen werden können. Die Arbeit war dann umsonst. Bei direkter Sonneneinstrahlung wird die Verarbeitung erschwert, bei hoher Luftfeuchte die Trocknung verzögert.

Vorarbeiten zur Oberflächenbehandlung

Über die Dauerhaftigkeit der gewählten Art der Oberflächenbehandlung entscheidet nicht zuletzt die Sorgfalt und Gründlichkeit bei den Vorarbeiten. Als Ergebnis müssen das Holz und die Holzoberflächen trocken, staubfrei, fettfrei und frei von Harzaustritten sein. Abblätternde Altanstriche sollten selbstverständlich gänzlich entfernt werden. Die Oberfläche ist gründlich ab- bzw. anzuschleifen, damit der Neuanstrich gut haften kann. Meistens wird

der Anstrich auf den fertig montierten Zaun aufgebracht ohne diesen vorher zu zerlegen.

Der Anstrich

Welche Technik Sie zum Aufbringen der Farbe bevorzugen – ob streichen, rollen oder spritzen – ist nicht entscheidend. Vielmehr sollten Sie darauf achten, dass:

- Sie umweltverträgliche Farben oder Lasuren verwenden und dass bei deren Verarbeitung keine Schäden an Pflanzen oder Grünteilen zu befürchten sind;
- Sie alle Harzgallen abschaben und mit nitrogetränktem Lappen nachreiben;
- die Verarbeitungstemperatur laut Herstellerangaben beachtet wird;

- eine ausreichende Durch-
  trocknung lt. Herstelleran-
  gabe eingehalten wird,
  bevor der nächste Anstrich
  erfolgt;
- die Flächen nach dem
  Grundieren angeschliffen
  und vor dem Schlussan-
  strich zwischengeschliffen
  werden.

Metallzäune erneuern und restaurieren

Im Folgenden sollen nur
einige Hinweise zur Vorgehensweise gegeben werden.
Ob und vor allem wie die Erneuerung eines Metallzau-
nes im Einzelfall anzugehen
ist, kann hier nur allgemein
erläutert werden.

Die Restaurierung von Metallzäunen erfordert einiges Finger-
spitzengefühl, damit der Charakter eines Werkstücks auch
erhalten bleibt. Hier ein Detail von einem schmiedeeisernen Zaun.

Problem Rost

Rost ist das Verwitterungs-
produkt von Metall, konkret
von Eisen. Den Prozess, an
dessen Ende das Produkt
Rost steht, nennt man Korrosion. Feuchtigkeit und Säu-
ren (z. B. aus der Luft) sind
die wichtigsten Voraussetzungen dazu. Im Gegensatz
von z. B. einer Patina auf Kup-
feroberflächen führt Eisen-
rost wegen seiner porösen
Beschaffenheit dazu, dass
die weitere Korrosion sogar
begünstigt wird. Daraus ergibt sich, dass ein bloßes

Überpinseln diesen Prozess
noch nicht stoppt. Vielmehr
kommt es dann zur Unter-
rostung des Anstriches.
Eine gründliche Oberflächen-
säuberung ist daher Bedin-
gung für ein erfolgreiches
Restaurieren von Metall.
Abhängig vom Ausmaß der
Korrosion und der Größe
des Zaunes oder Tores, kommen verschiedene Techniken
des Entrostens in Betracht:
- mit der Stahlbürste
- mit einer weichen
  Messingbürste
- mit Stahlwolle und Schleif-
  papier

Dieses Werkzeug ist für kleinere Roststellen oder Einzel-
teile völlig ausreichend. Um-

Tipp

Scharfe Kanten vor dem
Streichen entgraten! An
scharfen Kanten bilden
sich rasch kleine Haar-
risse, an denen Feuchtig-
keit eindringen und zu
Unterrostung führen
kann. Über abgerundete
Kanten dagegen zieht
sich der Schutzfilm
gleichmäßig darüber.

fangreichere Arbeiten kann man mit einem Winkelschleifer (Flex) – Tellerdurchmesser 115 mm – und den entsprechenden Schleifscheiben angehen. Doch Vorsicht: Der Umgang mit diesen Geräten will geübt sein – Schutzbrille und Schutzhandschuhe sind unverzichtbar!

Die Arbeit mit einem Winkelschleifer sollten Anfänger zunächst an einem Stück Altmetall üben, bis sie sich an einen wertvollen Zaun wagen.

Aufwendige oder etwas komplizierte Entrostungsmaßnahmen kann man gegebenenfalls auch durch das Sandstrahlen der Oberflächen bewältigen. Hierzu sollte man aber einen Fachbetrieb hinzuziehen.

Noch ein guter Rat: Schmiedeeiserne oder guss-eiserne Werkstücke sind meist Unikate und als solche zu behandeln. Sie benötigen ein hohes Maß an Sensibilität für das Material und den Charakter des Werkstückes. Eine Restaurierung nach dem Motto „Aus Alt mach Neu" wird dem Thema sicher nicht gerecht.

Verzinkte Oberflächen

Das nachträgliche Verzinken alter oder verwitterter Metallzäune ist generell immer möglich – vorausgesetzt, die Oberflächen wurden vorher gründlich entrostet und gesäubert.

Wurde der Zaun feuerverzinkt, ist die Haltbarkeit erheblich verbessert – man spricht von bis zu 30 Jahren –, eine weitere Farbschicht kann aber trotzdem empfohlen werden. Aller-

> ### Tipp
>
> Sparen am Werkzeug, an der Qualität der Lasur oder an der Farbe ist Sparen am falschen Fleck. Die Verarbeitung mit einem guten Pinsel oder Roller geht besser von der Hand und ein hochwertiger Anstrich hat bessere Eigenschaften. Der Arbeitsaufwand ist zunächst derselbe – ein Nacharbeiten ist aber bei Billigprodukten früher und öfter notwendig.

dings müssen frisch verzinkte Gegenstände etwa 1 Jahr altern und dabei den metallischen Hochglanz verlieren, bevor sie gestrichen werden können. Für das Streichen oder Spritzen neuer oder entrosteter Metalloberflächen gelten im Übrigen die gleichen Grundregeln wie bei Holz:

• der Untergrund muss trocken, staub- und fettfrei sein
• Verarbeitungstemperatur beachten
• deckend streichen

Ein wetterfester Anstrich besteht aus zwei rostverhütenden Grundanstrichen plus zwei Deckanstrichen.

Maschendrahtzäune (4-Eck-Geflecht)

Zaunhöhen bzw. Höhe des Geflechts:
60 cm, 80 cm, 100 cm, 125 cm, 150 cm etc.

Dickverzinktes Geflecht	Kunststoffummanteltes Geflecht mit verzinktem Drahtkern
Maschenweite/Drahtstärke	Maschenweite/Drahtstärke
50 mm/2,2 mm	50 mm/2,8 mm
50 mm/2,5mm	50 mm/3,1 mm
60 mm/2,2 mm	60 mm/2,8 mm

Metallzäune

Zäune aus Metall bieten eine
Vielzahl von Gestaltungs-
möglichkeiten, die denen
von Holzzäunen in nichts
nachstehen. Wir werden uns
in diesem Kapitel allerdings
auf solche Zäune beschrän-
ken, die ein geübter Hob-
byhandwerker auch selbst
bauen oder aufstellen kann.
Metallzäune gibt es vielfach
als Massenartikel sozusagen
von der Stange angeboten.
Der Vorteil von Metallzäunen gegenüber solchen aus
Holz kann in deren Transparenz gesehen werden –
wenn dies dem Verwen-
dungszweck entspricht und
gewollt ist. Weitere Vorteile
können deren „Pflegeleich-
tigkeit" oder die gute Kombi-
nationsmöglichkeit mit
Hecken und Sträuchern sein,
was zumindest für Ma-
schendrahtzäune gilt.
Der Sammelbegriff für ma-
schinell gefertigte Zäune
lautet „Drahtgeflechtzäune".
Ihr Aufbau erfolgt bei allen
Fabrikaten grundsätzlich
in der gleichen Art und
Weise.

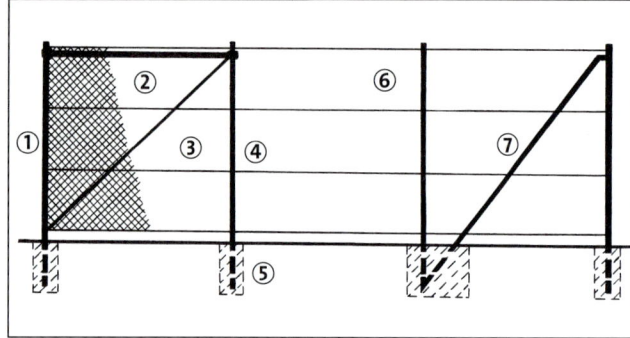

① *End- oder Eckpfosten,* ② *Viereckgeflecht,* ③ *Rückverspannung,*
④ *Pfosten,* ⑤ *Fundament,* ⑥ *Spanndraht,* ⑦ *Schrägverstrebung*

Maschendrahtzäune

Maschendrahtzäune vari-
ieren in der Maschenweite
von 40 bis 60 mm, im Nor-
malfall werden 50 mm an-
geboten. Die Höhen reichen
von 60 cm bis 2 m, handels-
üblich sind 80, 100 und
125 cm.
Um die tatsächliche Zaun-
höhe zu ermitteln müssen
5 cm, besser 10 cm für die
Bodenfreiheit dazu addiert
werden.
Ein weiteres Unterschei-
dungsmerkmal sind die an-
gebotenen Drahtstärken der
Geflechte. Ausreichende
Drahtstärken für normale
Beanspruchung im Haus-
gartenbereich sind 2,5 oder
2,8 mm.

Welcher Oberflächen-
schutz eignet sich?

Wichtiger als die Drahtstärke
ist der jeweilige Ober-
flächenschutz der Zäune,
weil dieser jeweils über die
Lebensdauer entscheidet.
Die Oberfläche kann dick-

verzinkt, kunstoffbeschichtet
oder verzinkt mit Kunstoff-
ummantelung ausgebildet
sein.
Für eine hohe mechanische
Belastung und einen
erhöhten Langzeitschutz
bietet der Fachhandel noch
andere Geflechte mit Ober-
flächenbehandlungen, z. B.
auf Aluminiumbasis, an.
Die Gebindeeinheit bei
Maschendraht sind Rollen
von 25 Meter Länge. Andere
Längen sind genauso er-
hältlich – gegen geringen
Aufpreis.

Ermittlung des
Materialbedarfs

Um den Materialbedarf für
einen kompletten Zaun
planen zu können, benöti-
gen Sie die folgenden, auch
in der Skizze dargestellten
Bauteile:

1. je eine Zaunsäule, pro 2,50 m Zaunlänge. Dazu gehört je eine Abdeckkappe und Ösen für die Spanndrähte. Die Säulen mit einem Durchmesser von 42,4 x 2 mm sollten 50 cm länger sein als die Zaunhöhe, da das Fundament eingeplant werden muss. Für Eck- und Endpfosten empfiehlt sich der Einbau stärkerer Rohre (48,3 x 2,3 mm). Alternativen zu den üblichen Rohrpfosten sind Rohre mit einem quadratischen Profil von 40 x 40 x 2,3 mm oder auch Betonpfosten von 80 x 80 mm. Diese empfohlenen Abmessungen sind für Zaunhöhen bis maximal 1,50 m gedacht.
2. Schrägverstrebungen und Eckstreben mit einem Durchmesser von 34 mm

> **Tipp**
>
> Bei sehr lockerem oder frisch geschüttetem Boden kann man sich an Stelle einer aufwendigen Schalung auch mit Betonrohren entsprechender Nennweite behelfen (z.B. 300 mm). In diese Rohre werden dann die Zaunsäulen gesetzt und bis zur Oberkante mit Beton verfüllt.

sind ausreichend. Der Einbau erfolgt am Beginn und am Ende eines Zaunes, sowie an den Knickpunkten. Bei Zaunlängen von mehr als 25 bis 30 m in einer Flucht ohne Eck- und Knickpunkte empfiehlt sich eine zusätzliche Verstrebung zur Stabilisierung.
3. Etwa alle 50 cm werden mit Hilfe von Spannschlössern Spanndrähte mit einem Durchmesser von 3,4 bis 3,8 mm eingezogen.
Das bedeutet bei einem Geflecht von 1 m Höhe insgesamt drei Drähte.

Der Bauablauf

Als erstes werden die Zaunsäulen gesetzt. Mittels Erdbohrer oder Spaten werden die hierfür nötigen Fundamente ausgehoben. Für Zäune bis zu einer Höhe von 1,50 m reicht eine Fundamentgröße aus Beton von 30 x 30 cm bei einer Tiefe von 60 cm aus. Große Genauigkeit ist beim Setzen der Metall- oder Betonpfosten angesagt. Die Pfosten müssen sowohl höhen- als auch fluchtgerecht sowie absolut senkrecht gesetzt werden.
Als Fundamentbeton eignet sich Beton B 15 mit der Körnung 0/16 mm. Die Kon-

> **Tipp**
>
> Das Setzen und Ausrichten wird mittels einer speziellen Pfostenwasserwaage erleichtert. An deren zwei Libellen kann man gleichzeitig ablesen, ob der Pfosten nach allen Seiten gleichmässig senkrecht steht.

sistenz sollte relativ trocken sein. Wird der Beton innerhalb von ca. zwei Stunden verarbeitet, kann er ohne Verzögerer eingebracht werden. Ansonsten empfiehlt es sich, einen Abbindeverzögerer mit einmischen zu lassen, damit die Aushärtung nicht vor dem Ende der Arbeiten erfolgt.
Der Beton sollte beim Einfüllen mit beispielsweise einem Holzpfosten eingestampft und verdichtet werden.
Sind die Pfosten schließlich exakt ausgerichtet, wird die Betonoberfläche mit einer Kelle geglättet und leicht angeschrägt, damit das Wasser ablaufen kann. Türchen oder Tore werden analog gesetzt.
Bevor das Geflecht angebracht und gespannt wird, muss der Beton mindestens ein, besser zwei Tage aushärten können!

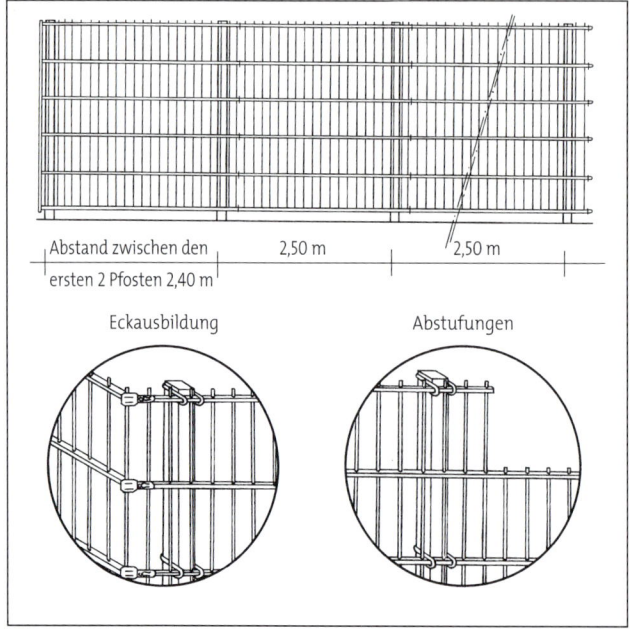

Abstand zwischen den ersten 2 Pfosten 2,40 m   *2,50 m*   *2,50 m*

Eckausbildung   Abstufungen

Aufbau von Stahlgitterzäunen.

Das Gitter selbst besteht aus horizontal verlaufenden gelochten U-Profilen und senkrecht durchgesteckten und verschweißten Rundstäben von 6 mm Durchmesser. Die Breite eines Gitters beträgt 2,50 m, was auch dem Pfostenabstand entspricht. Die Maschenweite der stehenden Rechtecke beträgt 50 x 200 mm.

Korrosionsschutz

Gitter und Pfosten sind feuerverzinkt und mit einer zusätzlichen Farblackierung, die in den RAL-Farben erhältlich ist, versehen.
Die Montage des Zaunes mittels Edelstahlschrauben und Spezialklemmbügeln ist relativ unkompliziert.
Bei diesen Zäunen werden auch sicherheitsrelevante Bauteile wie Stacheldraht, abgewinkelte Pfosten etc. als Übersteigschutz mit angeboten.

Stahlgitterzäune

Gitterzäune aus Stahl sind Zäune, die speziell für hohe mechanische Belastungen gebaut und konstruiert sind. Auch die Lebensdauer liegt aufgrund der stabileren Bauweise deutlich höher als bei Maschendrahtzäunen. Ihr Einsatzgebiet ist daher meist in öffentlichen Anlagen, Spielplätzen und dergleichen. Die stabilere Bauweise und das stehende Format der Gitterstäbe, verleihen diesem Zaun ein optisch gefälliges und ruhiges Erscheinungsbild.

Die technischen Daten

Vorgefertigt sind Zäune in Höhen von 60 cm, 80 cm, 100 cm, 120 cm 140 cm und bis zu mehreren Metern erhältlich.

Älterer Maschendrahtzaun, der durch den Anstrich und die Berankung mit einer Jackmanii-Clematis eine besondere Note bekommt.

Rahmengitterzaun, durch die lockere Bepflanzung mit einjähriger Glockenrebe wird er freundlicher.

Profil- und Rahmengitter

Hierunter werden Zäune verstanden, die aus einem stabilen Metallrahmen bestehen und mit einem beliebigen Geflecht oder Gitter als Füllung versehen sind. Diese Zäune sind aber in aller Regel objektbezogen von einem Handwerker gefertigt worden. Gute Beispiele, wie das auf Seite 37 gezeigte, stammen meist von historischen Bauteilen.

Schmiedeeiserne Zäune

Gut gestaltete schmiedeeiserne Zäune sind weit mehr als nur eine Abgrenzung oder Schutzeinrichtung. Sie sind Ausdruck des wohlverstandenen Umgangs mit einem bodenständigen alten Material und sie sind

Zeugnisse einer aussterbenden Handwerkskunst. Natürlich gibt es noch den Schmied, der solche Zäune auch heute noch herstellt – aber neue Zäune sind selten geworden. Form und Bauweise variierten früher von Dorf zu Dorf, weil in jedem Ort mindestens ein Schmied ansässig war, der sein eigenes Zaunmodell fertigte. Ihre Haltbarkeit ist bei richtiger Pflege beinahe unbegrenzt.

Über Bauweisen und Bauteile ist bereits weiter oben berichtet worden. Im Übrigen möchten wir auf weiterführende Literatur im Anhang verweisen. Gleiches gilt auch für Türen und Tore.

Provisorische Zäune

Soll in einem Garten ein Teich vor dem ungehinderten Zugang durch Kleinkin-

der abgeschirmt werden, oder will man Kleintieren einen begrenzten Auslauf ermöglichen, reicht es in der Regel aus, einen mehr oder weniger provisorischen Zaun zu errichten. Ein solcher Zaun muss dennoch ausreichend stabil, preiswert und einigermaßen ansehnlich sein. Zwei Beispiele für verschiedene Zwecke seien kurz vorgestellt:

Einfacher schmiedeeiserner Zaun. Die durchlässige Umgrenzung gibt den Blick in den üppigen Vorgarten frei (Foto aus Südengland).

Das Knotengeflecht

Beim Knotengeflecht vergrößern sich die Maschenweiten vom Boden her ansteigend von 5 x 15, 10 x 15 bis zu 15 x 15 cm im oberen Bereich. Dadurch ist der Zaun am Fuß undurchlässig und wird auf Sichthöhe optisch immer leichter. Die Stärke des verzinkten Drahtes beträgt 1 mm. Als Zaunpfosten reichen unbehandelte Fichtenpfosten mit einer Zopfstärke von 8 bis 10 cm aus. Die Länge sollte Zaunhöhe + 50 cm betragen. Zaunhöhen von 1 m, 1,25, 1,50 m etc. sind erhältlich; die Rollenlänge beträgt 50 m.

Drahtgitter

Drahtgitter für geringe Zaunhöhen können bereits ausreichen, um einen Gartenteich für einige Jahre vor Kleinkindern zu schützen. Wegen einer gewissen Verletzungsgefahr soll das Gitter eine gewisse Stabilität aufweisen. Auch helfen kleine Maschenweiten das Übersteigen zu verhindern. Im gezeigten Beispiel hat das Gitter eine Maschenweite von 2 cm und eine Höhe von 50 cm. Durch die notwendige Bodenfreiheit und einen oberen Abschluss mittels Fichtenstange oder Dachlatte erreicht der Zaun eine Gesamthöhe von ca.

65 cm. Die obere Querstange ist wegen der Möglichkeit des Herunterdrückens des Drahtgeflechts und der Verletzungsgefahr wichtig. Eine andere Möglichkeit, einen Teich wirksam und ansprechend abzuschirmen, finden Sie auf Seite 61 beschrieben.

Zäune aus Stein

Eine Umfriedung aus Stein hat überall dort eine lange Tradition, wo geeignete Natursteine in der Nähe abgebaut werden konnten. Beispiele sind das fränkische Sandsteingebiet oder der Bayerische Wald, wo Granit bekanntermaßen den Gebirgsstock bildet. Im Voralpengebiet kann man vereinzelt noch auf Nagelfluhmauern älteren aber auch neueren Datums treffen. Waren in früherer Zeit keine Natursteinvorkommen in erreichbarer Nähe, wurden gebrannte Steine – Ziegel und Klinker – für den Mauerbau verwendet. Die Verfügbarkeit ist heute kein einschränkender Faktor mehr. Gleichwohl sollte sich die Auswahl an dem bodenständigen Gestein der Region orientieren, auch wenn beispielsweise Billigstim-

Diese Teilabschirmung ist zwar nicht unüberwindbar, stellt aber für einige Jahre ein schwieriges Hindernis dar.

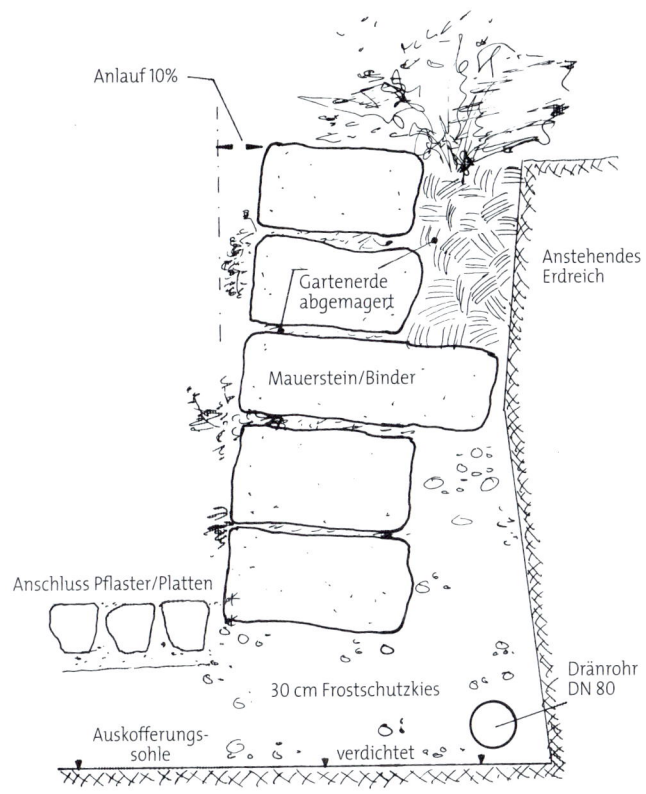

Anlauf 10%

Gartenerde abgemagert

Mauerstein/Binder

Anstehendes Erdreich

Anschluss Pflaster/Platten

30 cm Frostschutzkies

Dränrohr DN 80

Auskofferungs-sohle

verdichtet

Bau einer Trockenmauer.

Trockenmauern

Das Charakteristikum einer Trockenmauer aus Natursteinen ist das Verarbeiten ohne Mörtel oder Bindemittel. Die unregelmäßige Form der Einzelsteine einer Bruchstein-Trockenmauer lässt Fugen und Spalten entstehen, die mit Substrat verfüllt, gute Ansiedlungsmöglichkeiten für Pflanzen wie Mauerfarnen, Zimbelkraut oder Gelbem Lerchensporn bietet.

Das Fundament

Alle im Folgenden genannten Beispiele ohne Vermörtelung kommen mit einem ca. 30 cm dicken Fundament aus Frostschutzkies aus. Dies gilt für Mauerhöhen bis etwa 1 m.

Die Hinterfüllung einer Mauer an einem Böschungsfuß erfolgt ebenfalls mit Kies, wobei am hinterliegenden Fuß eine Dränleitung DN 80 günstig ist.

Mauern aus Naturstein oder Klinker, die vermörtelt werden, benötigen in jedem Fall ein frostsicheres Fundament mit einer Mindesttiefe von 80 cm unterhalb der fertigen Mauerfußoberkante. Geeignet ist lagenweise eingebauter und verdichteter Frostschutzkies oder Magerbeton B 15.

Tipp

Fundamente – ob aus Kies oder aus Beton – müssen grundsätzlich breiter angelegt werden als das auflagernde Bauteil. Bei Beton reicht eine Verbreiterung um ca. 10 cm, bei Kies dürfen es auch 20 bis 30 cm an gesamter Überbreite sein.

porte aus Asien auf den Markt drängen.

Die Anwendungsmöglichkeiten werden häufig von der örtlichen Situation bestimmt. Müssen Höhenunterschiede überwunden oder eine dichte Abschirmung auf kleinem Raum mit hohen gestalterischen Anforderungen realisiert werden, kann eine Trockenmauer das willkommene lebendige Gestaltungsmittel sein.

Jede Trockenmauer muss mit einem Anlauf – man versteht darunter die Abweichung von der Senkrechten nach hinten – gebaut werden (siehe Abbildung), da ansonsten bereits nach kurzer Zeit ein Übergewicht nach vorne entstehen kann.

Hammerechte Trockenmauer aus Grünten-Sandstein, ein sehr harter und frostbeständiger Sandstein.

Trockenmauern aus Schichtmauerwerk

Die in Verarbeitung und Bau aufwendigere Form einer Trockenmauer ist das Schichtenmauerwerk aus gleichmäßig bearbeiteten

Sorgfältige Eck- und Oberflächenausbildung ist wichtig.

Einzelsteinen. Die Abbildung oben zeigt ein hammerechtes Schichtenmauerwerk mit rechteckigen und quadratischen Steinformaten. Als Material ist Grüntensandstein, ein sehr harter und frostbeständiger Sandstein, verwendet worden. Der Bau einer solchen Mauer verlangt jedoch einiges an handwerklichem Geschick, weil die einzelnen Steine zum Versetzen häufig noch behauen werden müssen. Das regelmäßige Schichtenmauerwerk ist dagegen handwerklich leichter auszuführen. Die Abbildung links zeigt den Aufbau. Der verwendete Stein – hier ist es ein feinkörniger Granit – liegt als gespaltenes Material in einer gleichmäßigen Schichtdicke vor. Am abgebildeten Beispiel sind es 20 cm Dicke, die Tiefe beträgt 15 bis 20 cm, die Länge variiert von 30 bis 50 cm. Die unterschiedlichen Längen erleichtern es, ein Fugenbild ohne Kreuzfugen zu bauen.

Wenn die notwendigen Grundregeln berücksichtigt werden, ist der entstehende Verband aufgrund seines Gewichtes auch ohne Mörtel stabil. Der Mauerfuß ist etwa 60 cm breit, die Mauerkrone ca. 50 cm. Der beidseitige Anlauf beträgt ca. 10 %. Wenn eine Pflanzung mit Steingartenstauden geplant ist, kann das Füllmaterial im unteren Bereich aus Kies oder aus Unterboden bestehen; in der oberen Hälfte ist

Tipp

Geeignete Staudenarten sind Dickblattgewächse wie Mauerpfefferarten (Sedum), Dachwurz, Steinbrecharten, Perlgras und andere mehr. Da diese Hungerkünstler unter den Pflanzen an magere Standorte angepasst sind, ist ein Zuviel an Humus, Dünger oder Kompost völlig verfehlt.

abgemagerte Gartenerde zu verwenden.

Dieses Beispiel einer zweiseitigen Trockenmauer ist gut für die Abgrenzung kleiner Sitzplätze geeignet, aber auch für eine Abschirmung des kleinen Vorgartens zum Nachbarn oder zur Straße hin oder einfach nur als Sonderstandort für eine Reihe interessanter Wildstauden.

Lebende Zäune

Unter dem Begriff „Lebende Zäune" haben wir diejenigen Abgrenzungen und Einfriedungen zusammengefasst, die als reine Gehölzhecke oder als Kombination von Zaun und Pflanze gestaltbar sind.

Weidenzäune

In den letzten Jahren wurde eine interessante alte Technik zur Gartengestaltung wiederentdeckt – die Verwendung von Weiden als vielseitigem variablem Bau- und Werkstoff.
Neben dem Bau von Spielgeräten ist das Flechten mit Weide zur Errichtung von Weidenzäunen vielerorts mit Erfolg angewandt worden.
Ursprünglich wurden die Ruten von den Kopfweiden entlang der Flüsse und Bäche gewonnen. Nach dem Verschwinden der meisten dieser Nutzbäume wird der Bedarf durch Spezialbetriebe zur Kultur von Schnittweiden gedeckt. Diese sind dem Laien mit Rat und Tat gerne behilflich.
Folgende unterschiedliche Bauarten von Weidenzäunen sind zu unterscheiden:

- senkrechte Weidenflechtzäune (Material austriebsfähig)
- Rautenflechtzaun (austriebfähig)
- Waagrechte Flechtzäune (wegen des fehlenden Erdkontaktes treiben die Weiden nicht aus).

Bauanleitung für einen Weidenzaun

Die folgende Anleitung ist für einen senkrecht geflochtenen Zaun.
Material: Damit der Zaun austreibt und sich begrünt,

Die Lieferung erfolgt als gebündelte entlaubte Ware, die Einzelruten sind ca. 4 m lang. Bei dem Bau dieses Zaunes sind alle mit Begeisterung dabei.

werden verholzte, grüne Weidenruten mit einem Durchmesser von 1 bis 2 cm oder 2 bis 3 cm verwendet. Nach diesen Größen vorsortiert sind die Ruten auch im Handel erhältlich. Wichtig ist, dass die Weiden

Weidenzäune verschiedener Ausführung: Rautenförmig, waagrecht, austriebsfähig und nicht austriebsfähig.

*Aufbau des austriebs-
fähigen Zaunes*

dichter Sichtschutz erreicht werden, ist eine höhere Anzahl zu empfehlen.

Weitere Materialien: Zusätzlich werden je Zaunfeld (2 bis 2,50 m breit) Stützpfosten aus Fichte oder Eiche mit einem Zopfdurchmesser von 8 bis 10 cm und 1,5-fach Zaunhöhe benötigt. Drei starke Weiden- oder Haselruten mit einem Durchmesser von 3 bis 4 cm dienen der waagerechten Aussteifung und als Flechthilfe. Sie werden bei einem Zaun von 1,20 m Gesamthöhe auf 20 cm, 60 cm und 100 cm über dem Erdboden in die Pfosten eingelassen.

So gehen Sie vor:

1. Die langen Ruten auf die benötigte Länge + 10 cm abschneiden.
2. Graben auf Spatenbreite und einer Tiefe von etwa 30 cm ausheben. Die Grabensohle mit Hacke oder Krail lockern, evtl. mit Kompost verbessern.
3. Die Zaunpfosten senkrecht, höhenrecht und fluchtrecht einschlagen. Dabei werden die waagrechten Hölzer fortlaufend mit eingebaut.
4. Nun beginnt die Flechtarbeit: Die abgelängten Weidenruten werden etwas in den Graben gedrückt und zwischen den waag-

bis zur Verwendung nicht austrocknen! Deshalb sollte man sie bei einer Lagerung von mehr als 24 Stunden schattig und feucht aufbewahren!

Geeignete Weidenarten: Von den über 20 bei uns heimischen Arten sind diejenigen am besten geeignet, die am natürlichen Standort auch mit etwas trockeneren Bodenverhältnissen auskommen. Hierzu zählen die Reifweide, Korbweide, Silberweide u. a.

Pflanzbedarf: Pro laufendem Meter Zaun werden bei starken Ruten zehn, bei schwächeren 15 Stück benötigt. Soll ein sofortiger

Tipp

Ob sich eine Weide zum Flechten eignet, lässt sich durch den „Knack-Test" feststellen: Rollen Sie das Zweigende um den Finger – wenn die Rute nicht knackt (bricht) ist sie geeignet.

rechten Ruten durchgeflochten. Dabei wird immer wechselseitig gesteckt.

Die Stückzahl pro laufendem Meter richtet sich nach dem örtlichen Bedarf, sollte aber mindestens zehn Stück betragen.

5. Der Graben kann nun wieder verfüllt werden. Bei Böden mit geringem Humusgehalt oder bei leichten sandigen Böden, ist eine Verbesserung des Aushubmaterials mit Grünkompost in einer Aufwandmenge von 10 Liter pro Meter angesagt. Zusätzlich kann ca. 50 g Steinmehl pro Meter mit aufgebracht und eingearbeitet werden.

Die eingefüllte Erde sollte nur leicht (!) angetreten werden. Die sorgfältige Ausbildung eines seitlichen Gießrandes ist wichtig, damit das Abfließen des Gieß- oder Regenwasser verhindert wird.

6. Das Eingießen mit reichlich Wasser ist besonders bei Weiden wichtig.

7. Mulchen Sie den Zaun/Pflanzstreifen in einer Breite von einem halben Meter durchgehend ab. Die Dicke der Mulchschicht sollte 7 bis 9 cm betragen. Hierfür eignen sich kompostierte Rinde (Körnung 0 bis 40 mm), Grasschnitt oder auch Strohhäcksel (15 bis 20 cm dick).

8. Abschließend werden die oberen Enden der Weidenruten auf gleiche Höhe eingekürzt.

Die Weide kann auch mit Schnüren vorgeflochten sein. Die Aufnahme zeigt eine dichte Belaubung des Zaunes bereits im ersten Sommer.

Notwendige Pflegemaßnahmen

Zum guten Anwachsen und zur Förderung der Wurzelbildung ist es unverzichtbar den Pflanzgraben ausreichend feucht zu halten, ohne jedoch die Weidenhölzer zu ertränken. Die empfohlene Wassermenge beträgt mindestens zehn Liter pro laufendem Meter um die tieferen Bodenzonen zu erreichen. Erste Schnittmaßnahmen sind nicht vor dem Herbst des Pflanzjahres angesagt. Der längerfristige Pflegeaufwand beschränkt sich auf einen jährlich einmaligen Schnitt. In Trockenperioden muss gewässert werden.

Wenn Sie das Rutenmaterial selber schneiden wollen, z. B. von Kopfweiden o. Ä., empfiehlt es sich bei den zuständigen Wasserwirtschaftsämtern nachzufragen. Auch die Gartenämter der Städte, kommunale Bauhöfe oder örtliche Naturschutzverbände können meist weiterhelfen.

> **Tipp**
>
> Wer sich die Arbeit nicht zutraut, kann im Handel fertige Zaunfelder beziehen. Auch den Gesamtaufbau eines Weidenzaunes kann man sich dort anbieten lassen. Adressen finden Sie im Bezugsquellenverzeichnis.

> **Tipp**
>
> Die beste Pflanzzeit ist das Frühjahr vor dem Laubaustrieb. Bei späteren Terminen ist das Entlauben der Ruten vor der Pflanzung notwendig.

Weitere Varianten

Andere Flechtmuster, wie z. B. rautenförmig oder auch

Nicht austriebsfähiger Weidenzaun mit Verfallsdatum.

gebogen, sind genauso gut möglich – bei geringerem Materialverbrauch. Ausführung und Bau sind sinngemäß nach obiger Beschreibung anwendbar. Auf eine besondere Variante sei an dieser Stelle noch hingewiesen: Anstelle von Weiden können bei rautenförmiger Erziehung auch Beerensträucher gepflanzt werden.

Hierfür eignen sich Rote Johannisbeeren der Sorten 'Rondom', 'Jonkher van Teets' oder andere. Schwarze Johannisbeere, Jostabeere und Kornelkirsche sind weitere Beispiele. Die verwendeten Sorten sollten in jedem Falle starkwüchsig sein um längere Triebe zu bekommen. Als Pflanzmaterial muss eintriebige Jungware verwendet werden. Deren spätere Verzweigungen lassen sich besser in die Hecke einflechten.

Sonderformen

Nicht austriebsfähige Weidenzäune in waagrechter oder horizontaler Flechtrichtung haben bei der Anwendung als Zaun den Nachteil, dass ihre Haltbarkeit auf wenige Jahre beschränkt ist.

Anders dagegen sind die in einen fertigen Holzrahmen geflochtenen Weidenpara-

vents einzusetzen. Sie dienen dem Sichtschutz oder Windschutz an Terrassen und Sitzplätzen.

Sehr dekorativ als Paraventfüllung können auch andere Materialien wie Bambusrohr oder Heidekraut wirken.

Der einschlägige Fachhandel bietet hier noch eine Anzahl weiterer individueller Gestaltungsvarianten an.

Berankte Zäune

Dass Pflanzen zum Zaun gehören können, als wären sie ein fester Bestandteil dessen, das zeigt die Namensgebung für eine Reihe von Gewächsen wie Zaunrübe oder Zaunwinde. Auch die Hagebutte (= Heckenrose) und die Hainbuche

Sichtschutzparavent aus verschiedenfarbiger Weide.

Die Gold-Geißschlinge (Lonicera tellmaniana) verströmt starken Duft.

werden schon von alters her mit dem Zaun oder Garten (=Haag) in Verbindung gebracht.
Die Verwendung von Kletter- und Rankgehölzen stellt eine gute Möglichkeit dar, Zäune zu beleben und das Gartenbild abwechslungsreich – bei gleichzeitig geringem Platzanspruch – mit attraktiven Pflanzen zu bereichern.
Je nach Länge des Zaunes, seiner Stabilität und nach der Funktion der Pflanzung, lassen sich zahlreiche standortgerechte und attraktive Pflanzen finden.

Geeignete Pflanzen

Nachfolgende Beispiele sind in einer gewissen Bandbreite

gut verwendbar: Aus der Gruppe der Kletterrosen kann die Sorte 'New Dawn' mit ihren zartrosa Blüten empfohlen werden.
Von den Strauchrosenarten eignen sich neben der heimischen Hundsrose (Höhe bis 3 m, klettert auch) die Schottische Zaunrose *(Rosa rubiginosa)* und die Hechtrose *(Rosa glauca)*.
Von ganz besonderem Reiz sind die zahlreichen Sorten der stark und unvergleichlich duftenden Bauern- oder Moosrosen (Centifolien). Ihre Blütenblätter lassen sich zudem in erfrischenden Bowlen verwenden. In regenreichen Jahren leiden die

Die Hagebutten der Hechtrose wirken sehr dekorativ vor dem blaugrünen Laub der Rose. Standort: Sonne bis Halbschatten.

Kletterrose New Dawn – ein robuster Zaunbegleiter für vorwiegend sonnige Standorte.

Blüten allerdings manchmal so sehr, dass sie vor dem Öffnen verkleben. Leider sind die Sorten auch anfällig für Pilzkrankheiten wie Sternrußtau.
Aus der großen Gruppe der eigentlichen Klettergehölze haben wir einige angesprochen. Bleibt noch das große Sortiment der Waldreben (= Clematis). Die beliebtesten Arten sind die Jackmanii Hybriden – als üppige Sommerblüher ebenso geeignet wie die frühblühende Alpenclematis oder die Goldclematis. Größere, d. h. längere Zaunabschnitte von 4 bis 6 m Länge, können mit der Kiwi-Sorte 'Weiki' und der dornenlosen Brombeersorte 'Nessy' berankt werden. Erstere hat

*Goldwaldrebe mit langer
Blütezeit von Mai bis August.*

*Kiwi-Pflanze an Maschendrahtzaun:
Blickdichter Kletterer mit Nutzcharakter.*

*Eine lockerwüchsige Clematis
ist diese Anemonenwaldrebe.*

etwa stachelbeergroße Früchte, letztere ein ausgezeichnetes Aroma.
Zu einer Verbesserung des Sichtschutzes bei gleichzeitig geringem Platzanspruch sind immergrüne Ranker wie der großblättrige Irländische Efeu, und das Immergrüne Geißblatt geeignet. Auch eine Kombination aus verschiedenen Kletterpflanzen – wie z. B. Wilder Wein mit der Anemonenwaldrebe – setzt reizvolle Akzente im Frühjahr und Herbst.
Eine innige Verflechtung von Zaun und Pflanze ist am besten für Metallzäune, insbesondere Maschendraht- oder Gitterzäune geeignet. Holzzäune sollten nur punktuell oder locker bepflanzt werden, damit das Holz auch noch abtrocknen kann.

Hecken

Man unterscheidet allgemein zwischen einer so genannten frei wachsenden Hecke und einer Form- bzw. Schnitthecke.

Frei wachsende Hecken

Frei wachsende Hecken sind Gehölzpflanzungen, die einer natürlichen Feldhecke am nächsten kommen. Frei wachsend bedeutet in diesem Zusammenhang, dass die gepflanzten Sträucher sich entsprechend ihres Wuchscharakters in Höhe und Breite entwickeln können.
Die Pflanzenauswahl orientiert sich im Hausgarten aber nur zum Teil an den Gehölzen der Feldhecke, weil

deren Platzbedarf mit einer Breite von 3 bis 5 m in kleinen Gärten nicht gedeckt werden kann. Bei beschränkten Platzverhältnissen muss man sich daher bei der Planung umso genauer an dem Wuchsverhalten – insbesondere Höhe, Breite und Ausläuferbildung – orientieren. Weitere Auswahlkriterien für Heckengehölze können sein:

• Blütenfarbe und -zeitpunkt
• Fruchtbesatz
• Duft
• Herbstfärbung
• Erscheinungsbild im Winter
• Ökologische Bedeutung

Die Giftigkeit hat keine vorrangige Bedeutung, nachdem eine große Anzahl der bei uns im Handel befindlichen Gehölze in irgendeiner Weise giftig sind. Lediglich die in der DIN 1803

Tipp

Kletterpflanzen benötigen einen geringen Pflanzraum, da sie meist in tieferen Bodenschichten wurzeln. Auch können sie eine Handbreit tiefer gepflanzt werden um zusätzliche Wurzeln zu bilden. Der Fuß sollte möglichst schattig sein.

genannten stark giftigen Gehölze sollte man in einem Garten mit Kleinkindern vermeiden. Hierzu zählen Seidelbast, Goldregen, Stechpalme und Pfaffenhütchen. Besonderheiten hinsichtlich der Bodenansprüche (pH-Wert), Frostempfindlichkeit etc. haben wir in den Tabellen nicht aufgenommen. Die genannten Gehölze kommen mit normalen Gartenböden zurecht.

Pflege frei wachsender Hecken

Der Pflegeaufwand ist bei frei wachsenden Hecken geringer als bei Schnitthecken. Etwa fünf bis sieben Jahre nach der Pflanzung kann ein erster Auslichtungs- oder Verjüngungsschnitt notwendig werden. Ausgeschnitten werden immer die stärksten Triebe, und zwar an der Strauchbasis dicht über dem Boden. Nach dem Schnitt soll das Gehölz deutlich lichter sein, seine Wuchsform sollte in jedem Fall aber arttypisch erhalten bleiben. Ein häufiger Fehler ist in diesem Zusammenhang das „Stutzen" von Sträuchern durch Kappen aller abstehenden Triebe. Das Resultat gleicht einem „Rasierpinsel". Dies ist nicht nur unfachmännisch, der Strauch wird bei dieser

Tipp

Verwenden Sie in einer Strauchhecke immer auch einzelne größere Sträucher der nächst größeren Wuchsklasse. Diese höher und breiter werdenden Gehölze lockern das Bild einer geraden, gleichmäßig hohen (langweiligen) Hecke auf.

Vorgehensweise auch nicht verjüngt.

Einen Überblick bieten die Tabellen ab Seite 54. Diese Aufzählungen können keineswegs vollständig sein. Sie stellen vielmehr nur eine Auswahl dar. Auch die Eigen-

Eine frei wachsende Hecke aus Blütensträuchern sollte auch einen dekorativen Herbstaspekt mitbringen.

A: Sträucher von 80 – 120 cm

Strauchart	Blütezeit	Blütenfarbe	Besondere Merkmale
Fleurette, Strauchrose	Juni–August	karmin-rosa	dauerblühend
Kapuzinerrose	Mai–Juni	orange-rot	pflegebedürftig, im Vordergrund platzieren
Bibernelle (Dünenrose)	Mai–Juni	weiß-rosa	Ausläufer, dunkle Hagebutten, trockene Böden
Sandweide (S. rep. nitida)	April	gelb	kleine Blüte, leicht duftend
Zierquitte versch. Sorten	April–Mai	rot	Früchte gelb, essbar
Zwergdeutzie	Mai–Juni	weiß	zierlich
Immergrüne Heckenkirsche		unscheinbar	Sorte 'Maigrün', sehr dichter Wuchs
Mahonie	April–Mai	gelb	herber Duft, immergrün, Schatten
Amethystbeere		unscheinbar	reicher karminroter Fruchtbehang ab Juli
Färberginster	Juni–August	gelb	wertvolle Insektenfutterpflanze
Bartblume	August–Sept.	blau	wertvolle Instektenfutterpflanze

(Pflanzabstand in der Reihe 0,80 m. Die Gehölze dieser Tabelle sind auch als Vorsträucher vor größeren Gehölzen gut geeignet.)

B: Sträucher von 150 – 200 cm

Strauchart	Blütezeit	Blütenfarbe	Besondere Merkmale
Mairose	Mai	gelb	bogig überhängend
Hechtrose	Juni–Juli	karmin-rosa	auch Halbschatten, Hagebutten
Hundrose, Sorte 'Kiese'	Mai–Juni	rot	sparriger, lockerer Wuchs
Parkrose	Juni	intensiv rosa	reich blühend, Einzelstellung im Vordergrund
Marguerite Hiling			
Grüne Berberitze	Mai	gelb, roter Rand	rote Früchte im Herbst
Deutzie (Deutzia rosea)	Juni–Juli	rosa	kleine zierliche Einzelblüten
Brautspiere	April	weiß	Herbstfärbung gelb
Prachtspiere	Mai	weiß	
Hängesommerflieder	Juni	blau	bogig überhängend
Apfelbeere Aronia	Ende Mai	weiß	Früchte dunkel, essbar, orange Herbstfärbung
Goldjohannisbeere	April–Mai	gelb	auch als Füllstrauch geeignet
Zimthimbeere	Juni–August	rosa	große Einzelblüte, leckerer Duft, schattig
Duftjasmin, Sorte 'Erectus'	Juni	weiß	starker Duft
Immergrüner Liguster	Mai	weiß, unscheinbar	dunkelgrünes Laub, bringt Ruhe in die Hecke

(Pflanzabstand in der Reihe 1,20 m. Die Gehölze dieser Tabelle sind meist die Füllsträucher einer Pflanzung.)

C: Sträucher von etwa 250 – 500 cm

Strauchart	Blütezeit	Blütenfarbe	Besondere Merkmale
Büschelrose	Mai	reinweiß	zahlreiche kleine Hagebutten (Büschel)
Hundsrose	Mai–Juni	zart rosa	klettert auch auf Bäume, Hagebutten
Felsenbirne	April–Mai	weißlich/rosa	Solitärstrauch, locker, orange Herbstfärbung
Kornelkirsche	März–April	gelb	locker, rote Früchte, essbar
Wild-Flieder	Mai–Juni	blau	duftet
Kolkwitzie	Juni	rosa	eleganter Solitärstrauch, Einzelstellung
Hasel, Sorte 'Webbs Preisnuss'	März	gelb	Bienenweide
Eibe			rote Beeren der weiblichen Pflanze, immergrün
Bauernjasmin (coronarius)	Mai–Juni	weiß	duftet stark
Wolliger Schneeball	Juni	weiß	anspruchslos, Beeren

(Pflanzabstand in der Reihe 1,50 m. Die Gehölze dieser Tabelle sind auch als Solitärsträucher und als optische Höhepunkte gut geeignet.)

schaften der einzelnen Pflanzen konnten in diesem Rahmen nicht erschöpfend beschrieben werden.
Ein Hinweis zum Schluss: Die richtige Zusammenstellung und Kombination von Pflanzen erfordert ein gewisses Maß an Beobachtung und Erfahrung. Günstig ist es, neben dem Blütenaspekt als vordergründiges, aber oft kurzzeitiges Motiv noch Gedanken über die Herbstfärbung, die Fruchtausbildung, das Erscheinungsbild im Winter oder die ökologische Bedeutung der Pflanze mit einfließen zu lassen. Die Einmischung von immergrünen Gehölzen (Anteil 10 bis 20 %), das Setzen von Gerüstpunkten durch einzelne Großsträucher und die bewusste Auswahl von essbaren Wildobststräuchern wie Hasel, Quitte, Kornelkirsche oder Schlehe bringen optische Reize und kulinarische Überraschungen gleichermaßen. So komponiert, kann eine Hecke immer neue sinnliche Erfahrungen vermitteln, sei es durch an-

Die Kornelkirsche ist ein Großstrauch, der auch in einer Schnitthecke verwendet werden kann.

D: Heckenpflanzen für 30 – 80 cm hohe Schnitthecken

Heckenpflanze	Blütenfarbe	Besondere Merkmale
Einfassungsbuchs *(Buxus sempervirens 'Suffruticosa')*		für Beeteinfassung, Höhe bis ca. 60 cm
Fünffingerstrauch	gelbe Blüte	für alle kultivierten Gartenböden
Grüne Polsterberberitze *(Berberis buxifolia 'Nana')*	blüht selten	Immergrün, bis 50 cm
Sommerspiere in Sorten	karminrote Blüte	für alle kultivierten Gartenböden
sowie weitere Arten der Tabelle A		

(Pflanzenbedarf 4 – 6 Stück/lfd. m*)

Heckenpflanzen für 1– 2 m hohe Schnitthecken

Heckenpflanze	Blütenfarbe	Besondere Merkmale
Immergrüner Liguster	weiße Blüte	glänzend dunkelgrünes Laub
Kornelkirsche	gelbe Blüte	rote Früchte, essbar, gutes Gelee
Weißdorn	weiße Blüte	gute Bienenweide
Hoher Buchsbaum	grünliche Blüte	Bienenweide, langsamer Wuchs, auch für Schatten, Schnitt erst nach Winterfrösten
Grüne Berberitze	gelbe Blüte	sehr dichte, undurchdringliche Hecken

(Pflanzenbedarf 2 – 2,5 Stück/lfd. m*)

Heckenpflanzen für Schnitthecken ab 2 m und höher

Heckenpflanze	Blütenfarbe	Besondere Merkmale
Hainbuche (Weißbuche)		lang haftendes Laub, sehr robust
Rotbuche und Blutbuche	rotes Laub	stärkerer Wuchs als Hainbuche
Feldahorn		kleines Laub, schöne gelbe Herbstfärbung
Eibe ('Eibenholz', heimischer Nadelbaum)		dunkelgrünes Nadelkleid, als Hintergrund für Blütenstauden sehr gut
Thuja		in zahlreichen Sorten erhältlich, immergrün

(Pflanzenbedarf 1,5 – 2 Stück/lfd. m*)

* Die Stückzahl der Pflanzen/Meter hängt auch ab von der tatsächlich gewählten Pflanzgröße. Sie kann deshalb von der Empfehlung abweichen. Man muss bei der Wahl der Pflanzdichte berücksichtigen, dass die neu gepflanzten Gehölze noch Platz zum Wachsen brauchen werden. Ein zu dichtes Pflanzen bringt auch deshalb keinen Vorteil, weil trotz der Wasser- und Nährstoffkonkurrenz im Boden für jede Pflanze ein Mindestmaß an Versorgung gewährleistet sein muss.

E: Heckenpflanzen für kombinierte Schnitthecken ab 2 m Höhe

Heckenpflanze	Blütenfarbe	Besondere Merkmale
Immergrüner Liguster	weiße Blüte	glänzend dunkelgrünes Laub
Kornelkirsche	gelbe Blüte	rote Früchte, essbar, gutes Gelee
Gemeiner Liguster	weiße Blüte	gutes Vogel- und Bienennährholz
Weißdorn	weiße Blüte	gute Bienenweide
Hainbuche (Weißbuche)		lange haftendes Laub, sehr robust
Feldahorn		kleines Laub, schöne gelbe Herbstfärbung
Feuerdorn	weiße Blüte	orangerote Früchte von Sept.–Dezember, Sorten 'Kasan' u. a. wintergrün
Eibe ('Eibenholz', heimischer Nadelbaum)		dunkelgrünes Nadelkleid, als Hintergrund für Blütenstauden sehr gut
Thuja		geeignete Sorten 'Smaragd', 'Holmstrup' u. a. immergrün

(Pflanzenbedarf 1,5 – 2 Stück/lfd. m*)

* Die Stückzahl der Pflanzen/Meter hängt auch ab von der tatsächlich gewählten Pflanzgröße. Sie kann deshalb von der Empfehlung abweichen. Man muss bei der Wahl der Pflanzdichte berücksichtigen, dass die neu gepflanzten Gehölze noch Platz zum Wachsen brauchen werden. Ein zu dichtes Pflanzen bringt auch deshalb keinen Vorteil, weil trotz der Wasser- und Nährstoffkonkurrenz im Boden für jede Pflanze ein Mindestmaß an Versorgung gewährleistet sein muss.

Wichtig: Die Pflanzgrößen sollten bei Verwendung verschiedener Gehölze in jedem Fall gleich gewählt werden, damit die Wuchs- und Konkurrenzbedingungen von Beginn an in etwa gleich sind.

gelockte Tiere, durch das Sammeln von Herbstlaub und Beeren mit den Kindern oder durch das Verwerten der essbaren Früchte.

Schnitthecken

Schnitthecken erfordern einen höheren Pflegeaufwand, da sie normalerweise zweimal jährlich geschnitten werden müssen um in Form gebracht zu werden. Ältere Hecken kommen meist mit einem Schnitt pro Jahr aus.

Der erste Rückschnitt wird schon im zweiten Jahr nach der Pflanzung notwendig um eine dichte Verzweigung anzuregen.

Der Platzbedarf einer Schnitthecke hängt natürlich von der gewählten Gehölzart und der Höhe ab. Eine Mindestbreite von 50 cm – für eine Hecke von 1,50 bis 2 m Höhe – ist aber immer notwendig; im Alter sind diese Hecken bis zu einem Meter und mehr breit.

Die Heckenform ist im Prinzip variabel. Am gefälligsten ist eine Schnittform, bei der die Heckenbasis etwas breiter bleibt als die Krone, was auch für eine gute Belichtung der unteren Astpartien günstig ist. Die Krone sollte rund geschnitten werden statt waagrecht. Abweichungen, Spielereien von Tiergestalten bis hin zu architektonischen Kunstwerken, sind der Phantasie und dem Können des Gärtners überlassen. Die englische

*Ein Heckensaum aus schatten-
verträglichen Stauden bildet
im Ziergarten den Übergang
von der Hecke zum Rasen.*

Gartenkunst hat sich hier mit
ihren „Topiary Gardens" einen
legendären Ruf erworben.
Die Auswahl der Pflanzen
muss die geplante Höhe und
den Platzbedarf der Hecke
berücksichtigen. Weitere
Kriterien können die Blick-
dichte, die Erscheinungsform
im Verlauf der Jahreszeiten

*Heckenerziehung in
Vollendung in einem engli-
schen Schlossgarten.
Das Gehölz ist Eibe.*

oder der ökologische Nutz-
effekt sein.
Die Wahl der richtigen
Pflanzgröße für die
Neupflanzung hängt sowohl
von funktionalen Gesichtspunkten – wenn z. B. ein
möglichst rascher Sicht-
schutz erzielt werden soll –
als auch von praktischen
Überlegungen ab, z. B. was
gärtnerisch gesehen not-
wendig und sinnvoll ist.
Eine Faustregel für die gängigsten Pflanzgrößen und
Qualitätsbezeichnungen der
in den Tabellen B und C genannten Sträucher lautet:
Verpflanzte Sträucher, ohne
Ballen: 60 bis 100 cm.
Mit dieser Pflanzenqualität
kommt man für die meisten
Verwendungszwecke zu-
recht. Die in Tabelle A genannten Kleinsträucher werden mit einer Pflanzgröße
von 40 bis 60 cm ausrei-
chend groß gepflanzt – hier
allerdings meist mit Topf-
ballen oder Container.
Die immer häufiger propa-
gierte Pflanzung mit Wurzelballen ist aus gärtnerischer
Sicht nur nur bei wenigen
Gehölzen angezeigt. Hierher
gehören Buchs, Eibe, Thuja
und andere immergrüne
Gehölze.
Ballenpflanzen können auch
dann angebracht sein, wenn
in der Vegetationszeit von
Mai bis September gepflanzt

werden soll oder wenn es
sich um größere Pflanz-
größen oder Solitärgehölze
handelt. Ansonsten kann ein
Wurzelballen nur ein gut
bezahltes, aber unnötiges
Erdsubstrat sein.
Eine interessante weil ab-
wechslungsreiche Variante
bei der Pflanzung von
Schnitthecken ist die Kombination mehrerer, verschiedener Gehölzarten in ein und
derselben Hecke. Der Unterschied liegt in der Auflocke-
rung der strengen, einheitli-
chen Struktur durch
Farbkontraste, wechselnde
Blattstrukturen und jahres-
zeitlich variierende Erschei-
nungsbilder. Eine Kombina-

Tipp

Für kleine Hecken von
etwa 30 bis 60 cm Höhe
ist der Einfassungsbuchs
des Bauern- oder Barock-
gartens bestens geeignet.
Im Handel ist dieser
Buchs auch als wurzel-
nackte Ware günstig er-
hältlich. Die etwa 15 cm
hohen Pflanzen werden
gebündelt als laufende
Meter gehandelt; ein
Bund ergibt ca. 2,5 m
Hecke. Der Preis liegt erheblich unter dem von
getopften Einzelpflanzen.

Obstspalier mit Birne und Apfel; der Mitteltrieb der Bäume wurde zusätzlich gestäbt.

tionsmöglichkeit ist die Vergemeinschaftung von Eibe, Thuja, Kornelkirsche, Liguster und Hainbuche.

Andere Kombinationen aus blühenden, immergrünen und sommergrünen Gehölzen sind möglich, wenn man berücksichtigt, dass sich deren jeweilige Wuchs- und Konkurrenzkraft entsprechen.

Gartenräume schaffen

In historischen Gärten sind Hecken ein Mittel, um Gartenräume zu gliedern. Man kann mit ihnen kleine Gärten optisch verlängern oder durch Buchten und Höhenabstufungen separate Räume oder Nischen auf kleinstem Raum schaffen.

Heckensäume gestalten

Der Randbereich einer Hecke, der Fußsaum ist bei der natürlichen Feldhecke der interessanteste, weil vielfältigste Bereich. Dort vermischen sich die Tier- und Pflanzenarten aus der Hecke und der Feldflur. Dieses Gestaltungsprinzip des fließenden Überganges, lässt sich auch auf den Garten übertragen durch die Pflanzung von Blütenstauden, Gräsern und Farnen als vorgelagertes Staudenbeet.

Heckenbegleiter

Unter den Zwiebelgewächsen gibt es ausgesprochene Heckenbegleiter, die sich im Schutz des Gehölzes und des Laubpolsters wohl fühlen und sich dort vermehren. Beispiele sind Märzenbecher, Schneeglöckchen, Blausternchen u. a.

Schnitthecken verstärken die Wirkung von gut gegliederten, abwechslungsreichen Staudenbeeten – besonders die Farbwirkung der Blütenstauden –, wenn diese aus dunkellaubigen Gehölzen besteht. Gartendesigner verwenden dafür gerne Eibe, Buchs oder immergrünen Liguster. Helles Laub oder helle Nadeln – wie bei manchen Thujasorten oder Zypressen – beeinträchtigen dagegen die Wirkung.

Hecken für Feinschmecker

Eine Sonderform unter den Hecken ist die Obsthecke, die auch als frei stehendes Spalier umschrieben werden kann. In der Tiefe besteht ein Platzbedarf von etwa einem Meter, der Pflanzabstand in der Reihe sollte zwischen zwei und drei Meter betragen. Bei einer Grenzhecke ist allerdings auch daran zu denken, dass die Ernte und der Schnitt von allen Seiten möglich sein sollte. Der Ertrag pro Fläche ist bei dieser Erziehungsform überdurchschnittlich.

Der erforderliche technische Stützrahmen kann aus Spanndrähten (siehe Zaunbau) und Pfosten gebaut werden. Die Drähte werden in einem Abstand von 1 m, 1,50 m, 2 m etc. gespannt. Die Pfosten sollten eine Mindeststärke von 60 mm bei

Metallrohren und von 15 cm bei imprägnierten Holzpalisaden haben.

Bei der Dimensionierung der Konstruktion sollte man eher zurückhaltend sein, weil diese in erster Linie dazu dient, die Äste waagrecht zu binden. Außer bei Brombeeren muss eine zusätzliche Gewichtsbelastung nicht berücksichtigt werden.

Unauffällige Gartenmauer, die wie selbstverständlich aus der Pflanzung herauswächst.

Geeignete Obstsorten

Obstspaliere bieten zur Blütezeit und im Herbst einen besonders schönen Anblick. Gerade für einen kindgerechten Garten sind sie eine interessante Variante. Eine gültige Aussage über die Sorteneignung von Obstgehölzen für bestimmte Zwecke lässt sich sicher nur unter Berücksichtigung zahlreicher Faktoren wie Klimaverhältnisse, Boden

Verbindung von Naturmaterialien: Holzzaun mit Granitpfosten.

oder Spätfrostgefährdung machen.

Die folgenden Obstsorten wurden unter den Gesichtspunkten Robustheit und Widerstandsfähigkeit auch für ungünstige Lagen ausgewählt. Dabei darf jedoch auch der Geschmack und der sichere Ertrag nicht unter den Tisch fallen. Schließlich soll die Sorte nicht starkwüchsig sein, weil sich diese Bäume mit ihren langen steilen Trieben in der Spaliererziehung nur schwer bändigen lassen. Weitere handelsübliche Sorten sind nur unter Berücksichtigung der örtlichen Gegebenheiten sicher zu empfehlen bzw. in der Fachliteratur nachzulesen.

Brombeeren: Höhe der Hecke 2 m, sehr dicht, immergrün 'Theodor Reimers': aromatische Frucht, robust, hat Stacheln, leicht frostempfindlich, Standardsorte 'Nessy': ohne Stacheln (!), sehr große wohlschme-

ckende Früchte, robuste Neuzüchtung

Äpfel: Die Spalierhöhe sollte 2,50 m bis 3 m betragen; höhere Spaliere sind wegen der Wuchsleistung von Spalierobst und wegen der Ernte nicht zweckmäßig. Der Sichtschutz ist wegen der notwendigen Schnittmaßnahmen nicht sehr dicht, die Transparenz verleiht dem Heckenspalier andererseits eine gewisse Leichtigkeit. Eine geeignete Baumform ist sowohl bei Apfel- wie auch bei Birnen der so genannte Viertelstamm. Der Baum wird durch eine schwach wachsende Unterlage in seinem Wachstum gebremst, dafür setzt aber der Ertrag schon früher ein. Geeignete Sorten sind 'James Grieve' und 'Berlepsch'.

Birnen: Birnen brauchen im Vergleich zu Äpfeln wärmere, sonnigere Lagen. Die Aussagen zu Baumformen gelten analog wie bei Äpfeln.

'Gellerts Butterbirne': Reife Mitte September, sehr saftig

'Madame Vertè': Reife ab Dezember, gutes Aroma, auch für rauhere Lagen geeignet.

Schöne Kombinationen

Zum Schluss sollen noch einige interessante Varianten und Details zum Thema Zaun vorgestellt werden. Die gekonnte Kombination verschiedener Baustoffe kann interessante gestalterische Effekte hervorbringen.

Holz und Naturstein

Nicht allein aus Gründen der Konstruktion bietet es sich an, Pfosten und Zaunfelder aus unterschiedlichen Materialien zu fertigen. Das langlebigere Material wird dabei für die Pfosten eingesetzt, was auch eine zwischenzeitliche Reparatur erleichtert. Natursteinpfosten sind praktisch unbegrenzt haltbar und können auch für einen neuen Zaun in vielleicht 20 Jahren wieder eingesetzt werden. Die Abbildung Seite 60 unten zeigt den Pfosten für einen einfachen Staketenzaun aus Holz. Der bodenständige Bayerwald-Granit ist gespalten, die Abmessun-

gen betragen 14 x 14 cm. Die Länge sollte etwa 30 cm mehr als die Zaunhöhe betragen.

Die Oberfläche kann auch ebenflächiger sein, z. B. handgehämmert oder gestockt. Bei dieser Art der Bearbeitung kann die Spitze auch als pyramidenförmiges flaches Dach ausgebildet werden. Dann reicht auch ein Querschnitt von 12 x 12 cm aus. Für eine ausreichende Standsicherheit benötigt der Pfosten in jedem Fall ein Fundament aus Beton.

Stein und Holz

Ein klassisches Beispiel aus England zeigt die Abbildung Seite 60 oben.

Die Gartenmauer ist hier aus Klinkersteinen gemauert und mit einer Abdeckung aus einer Rollschicht Rundbogenklinker versehen. Das harmonische Erscheinungsbild resultiert aus der guten Proportion der Mauer, deren Patina aus Moosen und Flechten und der Bauweise des Holztores, das den Blick in den Eingangsbereich zulässt.

Holz und Metall

Ein eher ungewöhnlicher aber wegen seiner Bauweise interessanter Zaun ist unten

abgebildet. Er wird von Hand gefertigt und ist in einer Standardhöhe von 1,05 m erhältlich. Andere Höhen sind auf Anfrage ebenfalls lieferbar.

Die Staketen sind in diesem Fall aus gespaltener Eiche hergestellt; der Abstand der Staketen beträgt im Mittel 15 cm. Das Eichenholz wurde in den doppelt gedrehten verzinkten Draht fortlaufend mit eingedreht und befestigt. Als Einsatzbereiche für diesen variablen Zaun bieten sich viele Möglichkeiten an: die Abgrenzung von Spielbereichen, Teichen oder Tiergehegen, aber auch – mit einer Berankung – als Raumteiler am Sitzplatz.

Bezugsquellen finden Sie im Adressenverzeichnis auf Seite 62.

Ein origineller Zaun nach altem Vorbild.

Anhang

Literatur

Bayer. Landesverband für Gartenbau und Landespflege (Herausgeber): Altbewährte Apfel- und Birnensorten, Merkblatt

Gärten am Haus, Broschüre

Bayer. Staatsministerium der Justiz, 80087 München: Rund um die Gartengrenze

Bund Deutscher Baumschulen Pinneberg: BDB Handbuch Rosen, BDB Handbuch Laubgehölze

Ethne Clark, George Wright: English Topiary Gardens, Lifestyle Gardening

Hohenberger, Eleonore: Der Bauerngarten im Wandel der Zeiten, Obst- und Gartenbauverlag

Howcroft, Heidi: Hecken und Zäune, Gittern und Mauern, Callwey

Fritz Köhlein: Kleine Pflanzen für kleine Gärten, Verlag Ulmer

Richard Lehr: Taschenbuch für den Garten- und Landschafts- und Sportplatzbau, Verlag Blackwell

Günther Liebster: Beerenobst für jeden Garten, BLV Verlag

Franz Mühl: Alte und neue Apfelsorten, Obst- und Gartenbauverlag, München

Franz Mühl: Alte und neue Birnensorten, Obst- und Gartenbauverlag, München

Dieter Wieland: Grün Kaputt, Raben Verlag, München

Bezugsquellen

Duft- und Aromapflanzen, Winterharte Gartenstauden, Steingartenpflanzen
Staudengärtnerei Gaissmayer
Jungviehweide 3
89257 Illertissen

Klinker und Mauerabdeckungen aus Ziegel
Fa. Girnghuber
Ziegeleistr. 56
84163 Marklkofen

Grünten-Sandstein
Grüntensteinwerk WUP
Rettenberg

Nagelfluh Bruchsteinmauerwerk für Trockenmauern u. a.
Branenburger Nagelfluhwerk
Anton Feicht GmbH
83089 Brannenburg / Inn

Bayerwald-Granit
Josef Kusser Granitwerke
94529 Aicha v. Wald

Georg Kusser GmbH
94051 Hauzenberg

Weiden und Zaunelemente, Sichtschutzelemente aus Weide
Fa. Freitag & Sohn
Gartenstr. 21
85354 Freising

Zaun aus Holz und Draht
Wood Art
Markus Schaser
85406 Palzing

Clematis in großer Auswahl
Friedrich M. Westphal
Peiner Hof 7
25497 Prisdorf

Staketenzaun von Seite 61
Wood Art Markus Schaser
85406 Palzing

Kastanienholz
Holzhandel W. Robl
82418 Seehausen

Beerensträucher, Brombeere 'Nessy', Kiwi`s
Häberli Obst- und Beerenzentrum GmbH
August-Ruf-Straße 12 a
78201 Singen

Historische und seltene Rosen, Clematis und andere Kletterpflanzen
Ingwer J. Jensen
Am Schloßpark 2b
25821 Glücksburg

Historische Rosen, Englische Rosen, Wildrosen
Rosen Schultheis
61231 Bad Nauheim-Steinfurth

Bildnachweis

Josef Anetzberger: Seite 42; Floraprint/Stehling: Seite 2; Hans Marz: Seite 1, 6, 8, 34, 36, 37, 38, 43, 44, 46, 47, 48, 49, 50, 51, 52, 53, 55, 58, 59, 60, 61; Konstanze Stocker: Seite 5, 7, 9, 10, 11, 12, 13, 15, 16, 17, 18, 19, 20, 21, 22, 23, 24, 25, 26, 27, 28, 29, 31, 32, 33

Register